JN086878

リーガルテック・AIの実務

デジタル・トランスフォーメーション（DX）時代の企業法務改革

高林 淳 編著

商事法務

はじめに

もし人工知能（Artificial Intelligence：AI）が人間のように契約書の意味を理解し、自動的に修正してくれるものと期待しているとすれば、それは裏切られることになる。リーガルテックにかかわらず、人間のように考えるようなAI（Artificial “General” Intelligence: 汎用型人工知能。「強いAI」とも呼ばれる）はまだできていないし、「真に自己を設計できる人工知能」の実現は遠く、現在のところ、その糸口さえもつかめていない[1]。

それでも、機械学習の急速な発展と相まって、例えば、翻訳や検索に使われる、確率の高い言語を機械的に拾い、当てはめていく自然言語処理の技術などのある領域に特化したAI（Narrow Artificial Intelligence: 特化型人工知能。「弱いAI」とも呼ばれる）は発達し[2]、このAI技術はリーガルテックにも広く使われるようになった。その結果、ここ数年で多くのAIを使ったリーガルテックが実用化され、次々と商品・サービスとして発売されている。

これは、無論技術の進歩によるところが大きいが、他方、司法修習の後は法律事務所に入所し、経験を積んだうえで独立するという従来型のキャリアパスに捕らわれることなく、リーガルテックの分野で起業して身を立てることを志す優秀な弁護士が増えてきたことも見逃せない。彼らの中には、単に金儲けの手段として起業したわけではなく（それはそれで結構なことだが)、日本の「法務力」に貢献するとのビジョンを達成すべく、日々精進している若者もいることは大変頼もしいことだ。

筆者の所属する双日株式会社では、日本で契約レビューを行う製品が登場するよりも前に、ベンダーの製品開発の協力を開始し、リーガルテック・AIに常に興味を持って情報収集をしてきた。積極的にトライアルに参加し、製品の開発段階で実務的観点から改善提案させていただいた。そ

1）松尾豊『人工知能は人間を超えるか――ディープラーニングの先にあるもの』（KADOKAWA、2015）38頁および208～209頁。

2）独立行政法人情報処理推進機構　AI白書編集委員会編『AI白書2019』（角川アスキー総合研究所（発行）／KADOKAWA（発売)、2019）35～50頁。

れは、リーガルテック・AIが業務効率を上げるイノベーション・ツールに留まらず、法務部、そして企業にもっと大きな変革をもたらすデジタル・トランスフォーメーション・ツールとなる可能性を感じているからだ。

有難いことに、最近は、リーガルテック・AIについて講演のお話やお問い合わせをいただくようになり、本書執筆のお話をいただいた。双日が導入したリーガルテック・AIを紹介して、企業法務および法律事務所の方々に活用いただくことで、日本の「法務力」の向上に少しでも貢献できればこの上ない喜びである。しかしながら、筆者の経験に基づく狭い見識を紹介するのみでは不十分であり、本書執筆にあたっては日本を代表するリーガルテック・AIの関係者にもご協力をいただいた。その際、商品・サービスの紹介に加えて、ぜひその開発への思いや今後どのようなビジョンを持って商品・サービスを展開していくのかについても触れていくようにお願いした。

本書では、まず第1章にて、双日とその法務部を紹介したうえで、双日の法務業務をリーガル業務とコンプライアンス業務に分け、各業務においてどのようにリーガルテック・AIを活用しているかを紹介する。法務業務にコンプライアンス業務を含むか否かは各社考え方が異なると思われるが、ここでは、契約業務を始めとした伝統的な法務業務を「リーガル業務」とし、法令や社内ルールの違反未然防止と事後対応業務を「コンプライアンス業務」として、共に法務業務に包含するものする。

第2章は、リーガルテック・AI開発の現状を、それぞれ「契約レビュー」「リサーチ」「電子署名」「ワークフロー」の分野を代表するベンダーの方に執筆をいただいた。また、弁護士の宮内宏先生には電子署名の最新の動向であるトラストサービスについて【特別コラム】として論じていただき、金沢工業大学の一色正彦客員教授にはeラーニングを用いた予防法務の具体的取組みについてご紹介いただいた。

第3章では、米国を中心とした最新のリーガルテック・AIをはじめ、最新の法務業務の動向について紹介し、第4章は「効率化のその先——『デジタル・トランスフォーメーション』への布石」と題し、企業として何のためにリーガルテック・AIを導入するのかを検討した。そして、最終章の第５章では、リーガルテック・AI 時代の人材育成についての筆者の考え方を紹介させていただく。

なお、本書において「リーガルテック」とは、企業の法務部に従事する社員または法務部という名称でなくとも法務機能に携わる社員が使用する電子的技術とする[3)]。そのうち、AI を組み込んでいる技術もそうでない技術もあるが、必ずしも線引きは容易でなく、それらを総称して「リーガルテック・AI」と呼ぶことにする。

また、このような技術は、アプリケーション・ソフトウェアをインターネットからダウンロードするものや、インターネットを介して使用するウェブ・アプリケーション、あるいはベンダーが大がかりに導入するシステムなど様々な形式があるが、本書ではこれらを原則「サービス」または「システム」と呼び、それらを提供する企業を「ベンダー」と呼称することにする。

本書を手に取っていただいた企業法務関係者や法律事務所の弁護士の方の一助になることを切に祈る。

2020年２月

編著者　高林　淳

3）本書では、法務部単独で、または法務機能も含めて適宜「法務部」と呼ぶ。同様に、適宜法務機能に携わる社員も含み法務部員と呼ぶ。

編著者・執筆者紹介

■編著者

高林　淳（たかばやし　あつし）

〔執筆担当〕第１章、第２章はじめに、第３章、第４章、第５章、おわりに

双日株式会社 法務部

法政大学卒業後、松下電器産業株式会社（現パナソニック株式会社）入社。営業部門と法務部門を経験し、在任中、ペンシルベニア大学ウォートン校留学、ジョージタウン大学ローセンター卒業（LL.M. 取得）。その後、リーマン・ブラザーズ・グループ、BNP パリバ証券、PwC 税理士法人を経て現職。

■執筆者（執筆順）

角田　望（つのだ　のぞむ）

〔執筆担当〕第２章Ⅰ

株式会社 LegalForce　代表取締役 CEO／法律事務所 ZeLo・外国法共同事業 弁護士

京都大学法学部卒。旧司法試験合格（論文式試験第１位）後、森・濱田松本法律事務所を経て、株式会社 LegalForce ／ ZeLo・外国法共同事業を共同創業。企業法務領域における実務経験を活かし、法務部門・法律事務所向けに、AI（自然言語処理）を活用した業務支援ソフトウェアを開発・提供する。

Tracy Greenwood（トレーシー・グリーンウッド）

〔執筆担当〕第２章Ⅱ

トムソン・ロイター株式会社 法律ソリューションスペシャリスト

ユタ州立大学卒業、ミシガン州弁護士資格取得。英語・日本語に堪能で30年以上の国際ビジネスの経験を有する。主に独占禁止法、連邦海外腐敗行為防止法の内部調査、米国司法省の調査、集団訴訟のディスカバリなどの紛争解決案件を手がけた実績があり、米国のエネルギー関係スタートアップ企業の取締役員として、コンプライアンス系トレーニングやブリッジラウンド、シリーズ A に関してアドバイスを提供する。

牛島　直紀（うしじま　なおき）
〔執筆担当〕第2章Ⅲ
GMOクラウド株式会社 電子契約サービス推進室長
早稲田大学法学部卒業。GMOホスティング＆セキュリティ株式会社（現GMOクラウド株式会社）に入社し、クラウド事業・電子認証事業において国内外の法務を担当。電子契約の事業化とともに現職。経済産業省電子署名法研究会WG構成員。

宮内　　宏（みやうち　ひろし）
〔執筆担当〕第2章特別コラム
宮内・水町IT法律事務所 弁護士
東京大学工学部電子工学科及び同大学院修士課程卒業。NECにて情報セキュリティ等の研究開発に従事した後，東京大学法科大学院を経て司法試験に合格。電子署名・電子契約など技術と法律の双方が必要な分野で活動している。

酒井　貴徳（さかい　たかのり）
〔執筆担当〕第2章Ⅳ
株式会社Holmes　CEO室室長
東京大学・大学院修了後、弁護士登録。西村あさひ法律事務所にてM&A・一般企業法務を経験。バージニア大学ロースクール（LL.M）修了後、ニューヨーク州弁護士登録。Debevoise & Plimpton LLP New Yorkでの勤務を経て、現職。

一色　正彦（いっしき　まさひこ）
〔執筆担当〕第2章Ⅴ
金沢工業大学大学院（イノベーションマネジメント研究科）　客員教授
大阪外国語大学（現大阪大学）卒業後、パナソニック株式会社入社。東京大学先端知財人材次世代指導者育成プログラム修了。海外事業、法務、教育事業部門を経て現職。大学の教育・研究と企業のコンプライアンス・人材育成等へのアドバイスを行っている。東京大学大学院（技術経営戦略学専攻）非常勤講師、慶應ビジネススクール非常勤講師。

目　次

第１章
双日におけるリーガルテック・AI の活用

双日株式会社 法務部　高林　　淳

第2章
リーガルテック・AIの開発の現状

第３章
最新リーガルテック・AI 技術と海外の動向

双日株式会社 法務部　高林　淳

第４章

効率化のその先
――「デジタル・トランスフォーメーション」への布石

双日株式会社 法務部　高林　　淳

第５章

リーガルテック・AI 時代の人材育成

双日株式会社 法務部　高林　　淳

双日株式会社 法務部　高林　　淳

第1章

双日における
リーガルテック・AIの活用

双日株式会社 法務部　高林　淳

I　双日および法務部の紹介

双日株式会社は、自動車、プラント、エネルギー、金属資源、化学品、食料資源などを取り扱う、世界で幅広くビジネスを展開している総合商社で、旧日商岩井株式会社と旧ニチメン株式会社が2004年に合併して誕生した。両社はそれぞれ長い歴史を持ち、150年以上にわたって多くの国と地域でビジネスを展開し、現在はグループ国内外の拠点・連結対象会社は500以上、社員数約2万人、年間売上高は4兆円を超える（【図表1】【図表2】）。

双日のビジネスを支える法務部は、社員63名（うち日米豪などの有資格者39名）を有し、ロンドン、シンガポール、上海、ドバイの駐在員を含み、海外で法務社員として登録している者が82名いる（人数は2020年1月時点）。日本企業の法務部としては比較的規模が大きく、法律事務所のみならず、

【図表1】双日の事業概要

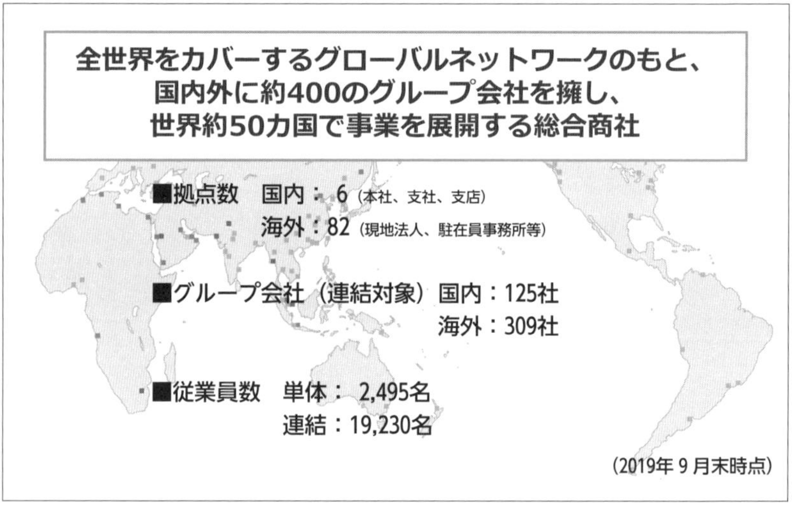

全世界をカバーするグローバルネットワークのもと、
国内外に約400のグループ会社を擁し、
世界約50カ国で事業を展開する総合商社

■拠点数　国内：6（本社、支社、支店）
海外：82（現地法人、駐在員事務所等）

■グループ会社（連結対象）国内：125社
海外：309社

■従業員数　単体：2,495名
連結：19,230名

（2019年9月末時点）

【図表2】双日の手掛ける事業分野

金融、メーカー、流通などからの中途採用者も多い。国籍も様々で、日本語を話せない者もいる。グローバル・スケールでの多種多様なビジネスに対応するため、常に様々なスキル、経験、およびバックグラウンドを持った社員の確保に努めている。

双日法務部には5つの課があり、うち第一課から第三課で、9つの営業本部とコーポレート機能の契約業務を担当している。和文と英文の違いによって担当者を変えることはなく、日本人担当者の全員が英文契約もレビューする。担当する営業本部で発生した債権回収や訴訟等紛争問題も各本部の担当者が対応することが原則だ。一方、コンプライアンス統括課は、不祥事や違反行為の調査と各種法令・社内ルールの教育・啓発を行う一般コンプライアンスチームと商社最大のリスクの1つである贈収賄行為を未然に防ぐ活動を中心とする反腐敗チームから成り、さらに物流コンプライアンス課は各国制裁法の未然防止と輸出取引管理を担当している。

リーガルテック・AIを導入するにあたっては、規模や扱う言語も重要な要素となる。**第1章**では、双日にて導入済みか、少なくともトライアルを実施したリーガルテック・AIを紹介する。つまり、日本の企業法務では比較的規模が大きく、日常的に英語を使用する法務部での活用術を紹介することになるが、小規模な法務部や法律事務所にも導入されているサービスも多く含んでおり、自社・事務所の業務効率化の参考としていただきたい。

Ⅱ　リーガル業務

筆者が社会人になるかなり以前、国際契約の交渉は電話と郵便で行われていた。法務部で業務を開始したときの遥か上の上司からは、「郵便で契約書をやり取りしていた頃は、一文字一文字に魂を込めていた。それに引き換え、今はすぐに電子メールで訂正ができるので、契約書のドラフティングに重みがない」と聞かされたものだ。その後、テレックスやファックスが普及し、さらにマイクロソフトWordと電子メールの登場は契約業務のスピードを一気に加速させた。上司の言っていたことは、それはその通りなのであろうが、後戻りすることはできず、急速に進化する技術に追い付いていかなくてはならない。

本項では、法務業務のうち、リーガル業務に関連した「1　契約レビュー」、「2　リサーチ」、「3　電子署名」、「4　ワークフロー・文書管理」、「5　eディスカバリー」の各サービスの概要と、費用などの導入の参考となるポイントについて述べていきたい。

1　契約レビュー

(1)　契約レビュー・サービスとは何か

契約レビュー・サービスは、契約の相手先からドラフトが提示された場合、担当者のレビューを助けてくれるシステムで、双日では数社の契約レビューのサービスを導入している。各社特徴はあるが、現状の契約レビュー技術は、以下の機能に集約できると言える。

①　アラート機能

この分野の多くのサービスでは、レビューさせたい契約書をマイクロソフトWordの形式（一部PDFにも対応）でシステムにアップロードし、その後、その契約がどの類型にあたるか、あるいはどのような立場にあたるか（例えば、秘密保持契約の場合は開示側か受領側か双方向か、業務委託契約であれば委託側か受託側か）を選択し、レビューにかける（最近では、契約類型をシステムが自動的に判断するものもある）。

そして、レビュー結果として、注意が必要な条項を示し、なぜ注意を要するかその根拠を解説してくれる。サービスによっては、「有利」「不利」など、リスクの度合いを示すものもあり、さらにはその度合いを自社の好みにカスタマイズできるものもある。

② 修正提案機能

アラート機能と共に、多くのサービスでは複数の修正文言を提案してくれる。その提案をそもそも採用するのか、採用する場合どれを採用するか、あるいは一部修正して採用するかはユーザーの裁量に委ねられている。採用する場合、ワンクリックで挿入・入れ替えをしてくれるものもある。システム側で似通った修正提案を避けるようAIが選別し、まとめてくれるものもあるが、不必要と思われるほど多くの提案を受けると感じる場合は、細かい修正や一般的ではない論点などを一括で非表示にしたり、または項目ごとに重要度を設定することでカスタマイズできる機能もある。表記のゆれ、条項表記の統一、条項増減による参照条項の自動変更、さらには誤字・脱字の訂正など、地味だがユーザーの大きな助けとなる機能を搭載するものもある。

③ 抜け漏れチェック機能

膨大な量の契約書を読み込んだシステムは、システム内で言わば膨大なチェックリストを搭載しており、レビューの対象となる契約書に記載のない条項を抜け漏れの可能性として提示してくれる。経験の浅い社員はもちろん、ベテラン社員でさえチェックリストや類似契約を見て抜け漏れを防ぐことはあるが、それをシステムが提示してくれれば大幅な時間の節約となる。

④ 条文検索機能

契約のドラフティングに際し、担当者は、自社のひな型、自分が過去にドラフティングした契約、あるいは参照したことのある書籍などを用いて、「あの契約のあの条文なら使えるな」と当たりを付け、その契約書や書籍を引っ張り出して、ドラフティングに使用することも多いのではない

【図表3】LegalForce の使用画面

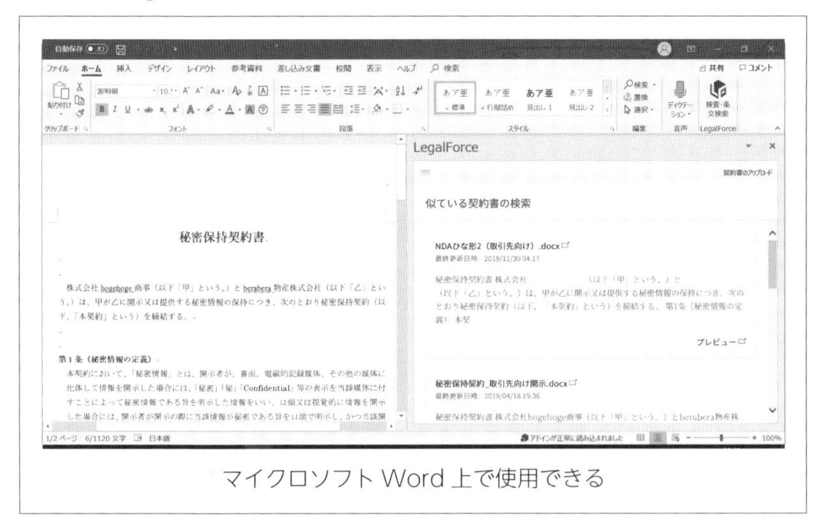

マイクロソフト Word 上で使用できる

だろうか。この方法ではノウハウが属人的となり、共有しづらいという課題があったが、契約レビュー・サービスで欲しい条項のキーワードを入力すれば、瞬時に推奨例文を提示してくれるようになった。これによれば自分のノウハウを超えたベターな条文に遭遇する可能性もあり、その場合は効率のみならず、品質も向上することになる。

サービスにもよるが、これらの機能を使用したレビューを早いものであれば数秒で実施してくれるので、スピードで人間がかなうものではない。以前はピントの外れた内容も散見されたが、最近では質も向上し、例えば、修正提案や抜け漏れ表示は、一応見ておいた方がよいものが大半となった。使い勝手も、つい1～2年前は原文と修正案の対比表がマイクロソフト Excel で表示され、Word の契約書と対比して修正するのに戸惑ったものだが、最近では Word の「アドイン機能」[1] で瞬時にシステムへのアクセスを可能にし、修正履歴も残せるようになった。システムを誰が

1）あるソフトウェアに別のソフトウェアの機能を追加するプログラム。アドオン、プラグインと同義。

どれくらい使用し、どのような契約書を何本レビューして、何本データベースにアップロードしたかなどを管理できる機能もあるので、部下を管理・評価するツールとしても使える。

なお、操作方法が不明な場合、メールでの質問はもちろん、システムに搭載されているチャット機能でベンダーに質問することもできる。

対応できる契約の種類は増加の一途をたどっている。複雑になればなるほど、手間がかかる契約であればあるほど、従来担当者が行っていた業務を肩代わりしてくれる部分は増え、業務の効率化が図れることになる。さらに、法務部員や弁護士といった法律の専門家でなくとも、例えば営業部門でも一定の契約レビューが可能になるため、法務業務のオペレーションを変革する可能性がある。

⑵　契約書のひな型

契約レビューのシステムの多くは弁護士のレビューを経た契約書のひな型も提供している。ひな型をあまり有しない会社にとっては有用であるし、普段あまり使用しない契約書を一から作成する場合、インターネットで無料のひな型を探すよりはよほど信頼性が高い。

また、最近は作成したい契約に関する質問に回答していくと、自動で英文契約書を作成してくれるサービスもあり、海外の大手弁護士事務所も使用していると聞く。高価だが、ひな型作成を効率化したい企業はぜひ検討してもらいたい。

⑶　英文契約への対応

この分野のサービスは他の先進国、とりわけ米国が日本よりもリードしているのは想像に易く、英文契約をレビューするのであれば、英語圏のベンダーの方がレビューの品質は日本のものよりも高いと言わざるを得ない。但し、無論海外ベンダーのシステムは和文契約には全く対応していないので、英文契約を取り扱う日本企業にとっては、日本のベンダーの英文契約への対応を注視しつつ、和文・英文それぞれのベンダーの製品を導入する可能性も検討する必要があろう。

また、日本のベンダーが提供するサービスでも、自社データベースに契約を保存すれば、英文契約にも対応できるものがある中で、現時点ではパソコンのユーザーインターフェース（使用画面）が日本語であるため、日本で勤務する日本語の読めない外国人は使用することはできないし、日本でサービスを導入していても海外のグループ企業には導入できない（日本人駐在員を除く）。日本語と英語のインターフェースを選択できるよう、ベンダーには早急な改善をお願いしたい。

今後は、相手方の企業が同じ契約レビュー・サービスを利用する場合には、ある程度の修正提案は予測可能となり、お互い何を譲って何を守るかという基準を持っていれば交渉がスムーズになるかも知れない。最終的には、契約レビュー・サービスを多くの企業が導入すれば、業界標準を形成することになるかも知れない。

(4)　ナレッジマネジメント・ツールへの進化

前述（(1)④）の条文検索機能は、ベンダーが予め大量の契約書をシステムに読み込ませ、そのデータベースに基づいてAIが条文を抽出するが、自社が過去締結した契約書の条文を参照したいというニーズはある。このニーズに応えるべく、ベンダーが用意した契約書データベースを使用するか、自社のデータベースを使用するか選択することができるシステムも登場した。自社の契約書データベースには、大量の契約書を一気にアップロードすることもできるし、作業中の契約書も簡単にアップロードすることができる。英文契約にも対応しているのは前述の通りだ。

契約書の各条文がどのような類型にあたるかも、システムが自動的に認識してくれるので、ユーザー側でわざわざ条文に統一的な条文タイトルを付けたり、何らかのフラグを立てる必要はない。これにより、上司や先輩が使用した過去の条文も参照することが可能となり、その意味では、もはや社内のナレッジマネジメント・ツールと言える。

(5)　コミュニケーション・ツールへの進化

契約レビュー・サービスの中には、修正根拠などをメモし、指定した他者と共有できる機能を有するものもある。例えば、上司と部下間で契約書を共有し、部下がなぜそのように修正したかをコメントし、上司がこれを確認することができる。また、外部とやり取りする場合でも、相手方が同じサービスを導入していなくても、ウェブのURLを電子メールで送信し、相手がURLにアクセスすることでファイルを共有することができるので、契約の相手方と同じファイルを見て、電話などでコミュニケーションを取りながら一緒に仕上げていくことも可能だ（相手方に対しては社内のコメントを非表示とすることもできる）。複数人が上書きすることを前提としているので、いつ誰が何を変更したか履歴を表示してバージョン管理できるものもある。

最近では、レビュー機能を持たず、このようなコミュニケーション機能に特化し、しかもフリーミアム（ベーシックなサービスに機能を絞って無料で開始できる仕組み）のものもあるので、大変導入しやすい。

契約関連のリーガルテック・AIは、契約レビュー・サービスの枠を超えた、コミュニケーション・ツールとしても進化をなし始めている。

(6)　料金および課金体系など

料金の幅は広く、１人年間100万円を超えるものもあれば、大変廉価でスタートできるものもある。課金形態も、ユーザー（アカウント）あたりで料金を設定しているものもあれば、レビューにかける契約数で設定されているものもある。ユーザー数で課金する場合は、ユーザー数が増えればボリューム・ディスカウントを得られるものがほとんどで、人数、コスト、パフォーマンス、使い勝手などを考慮のうえ、ベンダーを選定する必要がある。

現在双日では、海外のベンダーのトライアルも含め、複数のシステムを導入しているが、コストとの兼ね合いで、通常業務で使用するユーザーは限定しつつ、新入社員とその指導員が人材育成用ツールとして使用したり、逆に、ベテラン社員が使用してどのくらい効率化が図れるか検討したり、最適なベンダーと使い方を検証している。法務部内で更に広げるか、あるいは営業部門まで拡大するか、多くの可能性を秘めている。

なお、海外のベンダーでは、提供した契約書を自分のデータベースとして使用することを条件に、無料で守秘義務契約をレビューするベンダーも現れ、競争は激化しそうだ。今後日本のベンダーには更なる質の向上と

M&A 関連契約などの複雑な英文契約への対応に期待したい。

【コラム】リーガルテックと法規制

AI の暴走をどう規制するか、AI による製作物の知的財産権は誰に帰属するか、個人情報保護法改正によって AI によるビッグデータの活用はどう認められたかなど、AI と法規制については多くの本やインターネット情報が存在する。では、リーガルテックに規制はあるのか。

日本では弁護士法72条が問題となりえる。同条は、弁護士又は弁護士法人以外の者が報酬を得る目的として法律事務を取り扱うことを禁止しているが､例えば､弁護士ではないベンダーが他人のために契約を AI にレビューさせることは許されるのか。

世の中にある法律関連の書籍は一般的な法的見解を述べているが、弁護士又は弁護士法人ではない者がこれを執筆して出版することは法律に抵触しない。これと同様に、契約レビューシステムは（製品にもよるが)、予め搭載されているチェックリストとの自動突合システムであり、個別事案において法的見解を示す法律事務ではなく、その意味で一般的な法的見解を与えることと変わらないものと考えられる。また、社内で利用するためのソフトウエアのライセンスを提供するもので、法律事務にあたる法的アドバイスを与えるものではないとも言え、弁護士法72条には抵触しない。

米国では、弁護士が業務の一部を、リーガルテック・ベンダーなどの弁護士以外の業者にアウトソースすること（Legal Process Outsourcing：LPO）自体に批判がある。

その理由の 1 つは、弁護士とクライアントの間のやり取りは法的に秘密として取り扱われ（Attorney-Client Privilege：秘匿特権)、ディスカバリー（証拠開示手続）の対象外となるが、第三者であるベンダーに開示した時点で秘匿特権は失われ、ディスカバリーの対象とすべきというものだ。これについては、ABA（American Bar Association：アメリカ法曹協会）が、クライアントの同意を得たうえでベンダーに提供した情報については秘匿特権は守られるとの一定の見解を出しており[2)]、論争に終止符府が打たれた。

他方、各州の法曹協会で批准されることを前提とした ABA の弁護士職務模範規則モデルは､弁護士の独立性を確保するため､弁護士以外の者と弁護士報酬をシェアすることを禁止している[3)]｡弁護士によるベンダーへの料金の支払いはこれにあたるが､この問題については未だ明確な解答がないようだ｡

2）American Bar Association, Formal Ethics Opinion 08-451.

3）American Bar Association, Model Rules of Professional Conduct Rule 5.4.

2　リサーチ

(1)　日本の法務関連情報

法務部員による主たるリサーチの対象は、やはり、法令と判例ということになろう。

日本の法令は、政府がオープンデータとして公開しているため、多くをウェブから無料で検索できるようになった[4)]。法令の解説、最新の動向、その他法務業務で有用となる情報も、国・公共団体、弁護士会、法律事務所のホームページなどで無料で入手できる。同様に、まだまだ足りないとの批判の声は大きいが、最高裁を始め、一部の判例にはアクセスできる[5)]。知的財産高等裁判所の判例、独占禁止法の審決のほか、税法、労働法、海事法、消費者法などの判例、裁決なども一部公開されている。

有料サービスとなるが、調査している法令に関する法律雑誌の記事に当たりたい、または判例の解説やその分野における動向を知りたいといったニーズに応えるべく、法令、判例、書籍・雑誌、論文、文献などの情報を総合的に提供するサービスも存在する。

政府のデータベースでは無関係な判例まで一律に抽出してしまったり、場合によっては知りたい判例にたどり着かないこともありえるが、双日が導入している有料サービスは、実務に役立つ判例を整理して格納されており、検索した場合の「ヒット率」は高い。判例全文を読めることはもちろん、システム内にある雑誌などのリンクも表示されるため、雑誌の解説にすぐにアクセスでき、判例を深掘りしたいときの実務効率は上がる。

この他、双日ではウェブにて利用できる様々な有料サービスも活用している[6)]。

4）総務省電子政府の総合窓口（e-Gov）〈https://www.e-gov.go.jp/law/〉、法務省国会提出法案等〈http://www.moj.go.jp/HOUAN/〉、経済産業省法令データベース〈https://www.meti.go.jp/intro/law/index.html〉、条例Webアーカイブデータベース〈https://jorei.slis.doshisha.ac.jp/〉など。

5）裁判例情報〈http://www.courts.go.jp/app/hanrei_jp/search1〉。

(2) 海外の法務関連情報

米国の法令は、連邦制定法については合衆国政府印刷局（United States Government Publishing Office）[7]や議会法律図書館（Law Library of Congress）のホームページ[8]にて法案や最新法令を含めて参照することができる。州の法令などを検索するには各州政府のホームページにアクセスすることになるが、全米州議会議員協議会（National Conference of State Legislatures）のホームページでは、州と項目を選別すれば州のリンクが表示され、使い勝手がよい[9]。また、米国では早くからロースクールが競うように自身のホームページを充実させてきた経緯があり、例えばコーネル大学ロースクールのものが有名だ[10]。法律関係者のブログはblawg（ブローグ）と呼ばれ、大変有用な情報を提供してくれるものも多い[11]。

イギリスでは、国立公文書館（The National Archives）が運営するlegislation.gov.ukがあり、また、寄付によって成り立っている民間企業のBritish and Irish Legal Information Institute（BAILII）も法令、判例などの多くの法務関連情報を掲載している[12]。

しかしながら、日本人がこれらの無料情報ソースを使いこなし、十分な情報を得るのは容易なことでない。断片的な情報を得ることができたとしても、それが漏れなくリサーチしたうえでの最適な情報であると自信を持って言うことは実際は難しい。

そこで双日では、海外の法務関連情報をまとめて掲載しているオンライ

6）官報情報検索サービス、電子内容証明サービス、登記情報提供サービス、経営法友会、国際商事法研究所（IBL）、商事法務研究会、ビジネスロー・ジャーナル、NBL、M&A専門誌マール、安全保障貿易情報センター（CISTEC）など。

7）https://www.gpo.gov

8）http://www.loc.gov/law/

9）http://www.ncsl.org/aboutus/ncslservice/state-legislative-websites-directory.aspx

10）http://www.law.cornell.edu/

11）アメリカ法曹協会(American Bar Association: ABA)は2007年より、毎年Blawg 100を選出している〈http://www.abajournal.com/blawg100〉。ABAのBlawg Directoryは、〈http://www.abajournal.com/blawgs/〉。

12）http://www.bailii.org/

ン・データベースを活用している（すべて英語)。これを使用すれば、特定の国・地域における法令の解説や最新の動向、判例などの情報を得ることができ、それらが実務上どのような影響があるか解説している。それらの最新情報を電子メールにて、月刊、週刊、日刊で受領することもできるし、専門家による記事やコラムを掲載した月刊誌も購読できる。ウェブベースなので情報はタイムリーに更新され、500名以上の弁護士などの専門家が常に情報を更新している。

　掲載範囲が膨大であるため、慣れるのにある程度の時間はかかるが、チャット機能にて「このようなひな型を探していますが、ありますか」「この国のこの法令が最近改正されたと聞いたが、情報をください」などと質問・要望すれば、速やかに回答してくれるので、闇雲にインターネットから情報を得るよりは格段に効率がよい。

【図表４】トムソン・ロイター「Practical Law」の使用画面

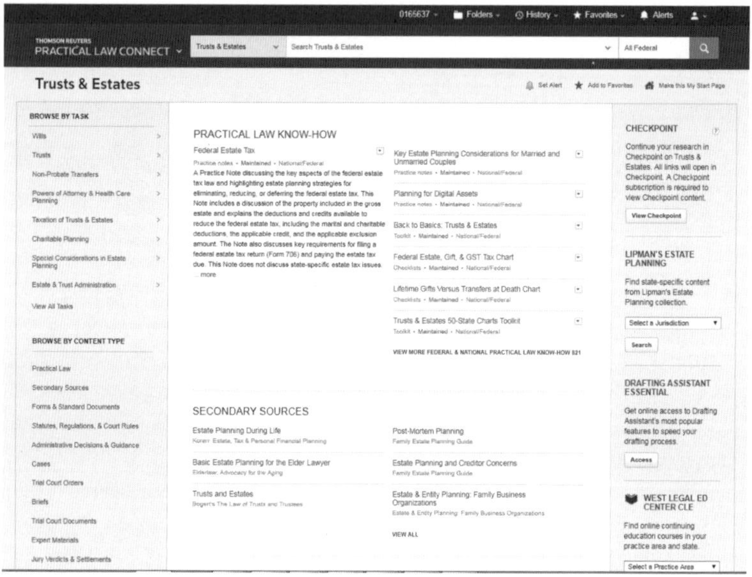

世界中の法律情報や契約実務に役立つ情報が掲載されている

さらに、このオンライン・データベースは、契約書のひな型と条文掲載も豊富だ。今まで締結経験のない契約で、こちらからドラフトを提示する必要がある場合などは大変助かるし、また、掲載されている条文例をコピーして使用することももちろん可能である。一般的な取引のチェックリストやフローチャートも豊富だ。

なお、双日は欧米系法律事務所やロースクールで使用されている判例データベースは、現在は使用していない。それは、訴訟となれば、必ず外部弁護士を起用することになり、弁護士の方が的を射た判例にすぐにたどり着くことに長けているので、自分たちが独自で行うよりもよほど効率がよいからだ。他方、インターネットと、上記のようなオンライン・データベースにより主な判例は検索できるため、コストの高い判例データベースの導入は費用対効果はあまり良くないと判断している。

⑶　料金および課金体系など

ユーザー数（アカウント数）で課金するものが多く、日本の有料サービスは1人月5,000円～10,000円超が相場のようだが、日本でサポート体制のある海外のサービスはもっと高価だ。このサービスも一定数のユーザーを超えるとボリューム・ディスカウントしてくれる。リサーチのノウハウは法務部員の基本であり、地道にリサーチを積み重ねてきた社員とそうでない社員は、長期的にみて法務部員としての力量に差が出る。人材育成の観点を踏まえたうえで、コストとメリットとのバランスを考えて導入を検討したい。

3　電子署名

本書では、2章（Ⅲ・特別コラム）で電子署名について、GMO クラウド株式会社の牛島直紀氏と宮内・水町 IT 法律事務所の宮内宏弁護士に執筆いただくので詳しくはそちらをお読みいただきたいが、ここでは電子署名のシステムを導入するにあたり、ユーザーとしてポイントとなる点について触れたい。

(1) 導入目的

欧米諸国、特に米国と比較して日本ではまだまだ電子署名による電子契約は普及していないが、近い将来で急速に普及することが予想される。今から準備しておくことが必要だが、電子署名にはＢ to Ｂにおける契約締結以外の異なる用途もある。例えば、契約社員やパート・アルバイトなど、定期的に更新する契約を多く扱う企業において、これを使用すれば事務量を格段に圧縮できる。同様に、紛争が発生することがほとんどないグループ間契約に導入することは心理的ハードルも低く、馴染みやすい（但し、それまでも電子メールによる契約を認めていた場合、コスト増となる可能性がある）。特に海外との契約では、大きな時間短縮となる。また、Ｂ to Ｂであっても、一気に全契約に導入する必要はなく、秘密保持契約や、コピー機の保守契約といった定型的な契約に限定している企業もある。

一方、印紙税を支払う必要がないので、金銭消費貸借契約を多く取り扱う金融機関の中には全面的に導入を進めている企業もあり、その場合は電子認証やタイムスタンプを得意とするよりセキュリティを確保した機能を持つベンダーのニーズが高くなろう。

つまり、何に使用するかという目的により、最適なベンダーは異なる。このサービスはベンダー数が多く、使い勝手もベンダーによって異なるため、用途を明確にしたうえで複数のシステムのトライアルを経て、費用も勘案してベンダーを確定させたい。

(2) 社内規程

電子署名の導入にあたって意外に忘れがちなのが、押印規程、文書管理規程などで定めている規定との整合を取ることだ。電子署名を念頭に置かずに策定された規定も多いはずで、事実上押印を前提としていたり、紙媒体による文書管理が義務化されているといった企業もあるはずだ。また、未だに契約当事者間で同じベンダーのシステムを導入しなければ締結できないとの誤解も多いようであるが、電子署名はウェブベースでの締結となるので、インターネットへの接続環境があれば、明日にでも契約相手方から署名の要請を受けるかもしれない。規定の整備は自社が導入するにあたっても必要だが、相手方からの要請に応じるため、今から準備する必要がある。

⑶　コスト

印紙代、郵送費、担当者の手間（印刷、袋綴じ、文書管理、期日管理など）の削減、および締結までの時間の短縮といった意味で、大きなコストダウンが図れる可能性があるのが電子署名の魅力であり、もちろん時代の潮流とも言えるペーパーレス化にも寄与する。しかしながら、料金体系について各社の間でかなりばらつきがあり、初期費用、月額費用、１通あたりの費用の組み合わせにより、コストの高低を比べにくい。さらに、ユーザー数や文書数で制限のあるものや、プランによって付随するサービスが異なる場合もある。したがって、まずは上述のように、自社における使用目的を決め、過去の使用実績に基づいて電子署名の使用人数と使用件数を予測してからベンダーを選定しなければ、コストダウンの効果が薄れることになりかねない。

【図表５】GMO クラウド「電子契約システム Agree」の使用画面

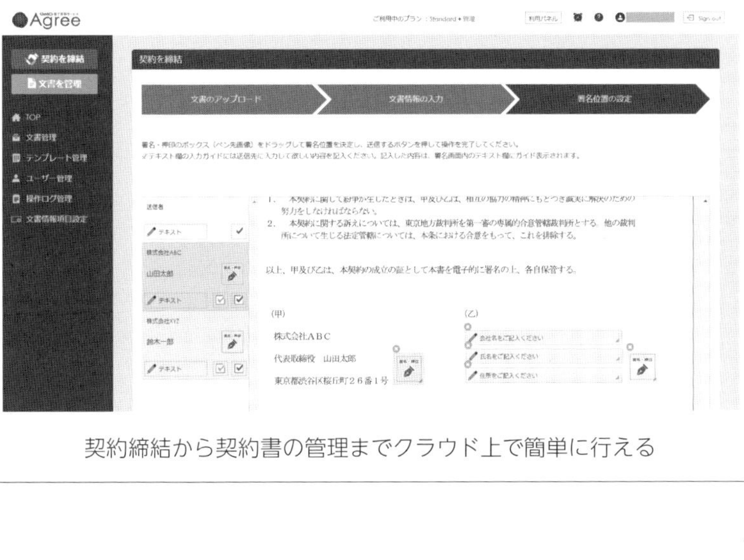

契約締結から契約書の管理までクラウド上で簡単に行える

4　ワークフロー・文書管理

⑴　伝統的な契約業務のプロセス

一般的に、契約締結に当たっては、①契約相談・交渉、②決裁・稟議、③契約書管理といったワークフローを経ている。

①契約相談・交渉のフェーズでは、多くの場合は営業部門から法務部に対して新しい事業や事案について契約締結に向けた相談があり、営業部門または法務部が、契約の相手方と交渉を開始する。電話、面談で交渉することもあるが、契約書のドラフトのやり取りが発生するので、電子メールの使用が基本となる。秘密保持契約から大型プロジェクトまで、交渉過程の長さは様々だ。

交渉の末、すべての条件で合意が得られれば、②決裁・稟議のフェーズに進む。社内の審査・決裁基準に基づき、決裁を起案して社内稟議に廻す。決裁取得後は、契約書を紙にプリントアウトして、袋綴じし、押印手続きに廻す。押印申請書に契約書の原紙に加えて決裁書の写しを添付し、これに押印管理部門担当者と部門長が押印して漸く契約書に押印するのが中規模以上の企業における典型的なフローと言えるのではないであろうか。原紙2通を相手方当事者に郵送し、相手方は同様のプロセスを踏んで、2通に押印のうえ、1通を送り返して相手方とのやり取りは終了する。契約書の原本を保管するのが最後の③契約書管理のフェーズだ。契約書名、契約先、担当者、更新履歴などの契約情報をマイクロソフトのExcelで管理している会社が多いのではないだろうか。

このような煩雑なワークフローを経てきたわけだが、この作業を効率化するサービスも提供されている。

⑵　リーガルテックを使った契約業務のプロセス

この分野のベンダーも複数あるが、サービスの内容としておおよそ共通しているのは、まず営業部門は法務部へシステムを通じて相談を開始する。これによりシステム上どのような相談がどのような順番で行われているか一目瞭然となり、交渉の過程やその時のやり取りも記録することができる。システムに残したやり取りは後から検索可能となるので、ナレッジマネジメントとして活用もできる。承認者・決裁者は順次システム上で承認をしていき、どこで稟議が止まっているかも見ることができる。決裁に至った契約書はそのままシステム上に保管し、契約書名、契約先、担当者、更新履歴などの契約情報を記入すればその後の契約検索が容易となり、さらには次回更新の期限管理まで行える。このように、①契約相談・交渉～③契約書管理のフェーズまでウェブ上ですべて行うことができ、さらに前述の電子署名と組み合わせれば、紙は全く不要となる。

参考までに、契約書同様、社内規程やマニュアルを管理できるサービスもある。システム上で規程の修正を可能とし、新旧対照表も自動で作成してくれ、改定の履歴管理や関連規程も一覧表示してくれるため、1つの規程の修正により他の規程も修正する必要がないかを管理できる。システム上で修正した規程でそのまま起案し、社内稟議に廻すことも可能だ。

自社用に開発したシステムを外部販売に転用したベンダーもあれば、契約書の倉庫業者として契約書のPDF化を受託したところから発展したベンダーもある。英語対応の可否、使い勝手やそれぞれ強みとする点は異なるので、自社のニーズに合ったベンダーを選定する必要がある。どのベンダーもトライアルには応じるので導入前にぜひ試してみたい。

日本に本社があるグローバル企業において、海外子会社による本社決裁については日本人が起案する企業が多いのではないであろうか。現在導入している仕組みが日本語をベースとしていたり、日本人以外は日本の複雑な稟議の仕組みを理解しづらいことが理由として考えられるが、ユーザーインターフェース（使用画面）が英語であれば今後は現地人による起案も検討できるようになる。

【コラム】双日にワークフロー・システムを導入できない理由

いくつかの製品でトライアルを実施したものの、実は、双日もこの分野ではリーガルテック・AIを導入できていない。大きな理由は2つある。1つ目は、社内規程上、かなり大きな金額の取引とならない限り、法務部門による契約書のチェックや審議は義務付けておらず、全数チェックする体制ではないことがあげられる。締結済みの契約書は営業部門で管理されており、したがってこのようなシステムを導入しても、営業部門の作業対象者が広範囲にわたることになるので、全社的な教育、また担当者変更による継続教育の仕組みの確立に大きな管理工数がかかってしまう。

2つ目は、社内審議・決裁は独自のシステムを使用しており、新しいシステムとの整合を取るのに時間を要してしまうことにある。現行のシステムとの併用が可能かを検討し、可能な場合であっても、現行システムと新システム上のワークフローの綿密な棲み分けが必要となる。また、新システムをそのまま導入するのであれば、現行システム上のデータを新システムにどう取り込むかなど検討が必要だ。しかも、現行システムは契約審議・決裁のみでなく、すべての社内稟議・決裁に使用されているため、導入には大掛かりな全社的プロジェクトを立ち上げる必要があり、なかなか話が進まないのが実情だ。

(3)　料金および課金体系など

ユーザー（アカウント）あたり月額数千円で設定しているものもあれば、数百、数千アカウント枠に対して一定の月額を支払うものなど幅がある。

【コラム】電子署名 vs マイクロソフト PowerApps vs Box Relay

電子署名、マイクロソフト PowerApps（パワーアップス）、および Box Relay（ボックスリレー）について、社外との契約、グループ企業間契約、社内ワークフローという3つの局面いずれにも使用できるものがないか検討してみた。

電子署名は、元来社外の相手方と契約を締結する目的で開発されたサービスだが、もちろんグループ企業間でも使用することができる。しかし、グループ企業間の場合は、電子メールの取り交わしで済ませる場合も多く、元来の特長である印紙代、郵送費等のコスト削減効果は低いか、またはマイナスとなる可能性がある。社内稟議については、直接的に機能は含んでいないが、ワークフロー・ベンダーと API 連携[13] している場合もある。一部のベ

13）API とは、Application Programming Interface の略で、外部アプリケーション・ソフトウェアの機能を共有するシステムをいう。一種の連携のルールであり、API を使用して他社のアプリを連携すると、画面上ではあたかも自社のアプリであるような自然な連携が図れる。

ンダーは対応可能と言える。

一方、プログラミングなしでアプリケーションを作成できるマイクロソフト PowerAppsというソフトウェアを使用すれば、アイデア次第であらゆるアプリケーションの作成が可能となる。

契約書を添付して申し込みと承諾を確認するソフトウェアを開発し、担当者から責任者まで承認する稟議システムを作成することが可能で、理論上は自前のワークフローを作成することもできる[14]。マイクロソフト PowerApps は無料版もあるが、機能が限られている。有料版であっても年間使用料を支払えば使い放題なので、既に導入済みの会社があれば、この分野での活用も検討していただきたい。但し、社外との契約は不可である。

最後に、Box 社が提供する、その名も Box というサービスは、単なるファイル共有サーバーに留まらず様々なサービスを提供する。そのうち Box Relay という機能は Box 社が IBM と共同で開発したサービスで、誰でもワークフローを構築できるというのがそのコンセプトだ。「承認」などのタスクを割り当てることで、割り当てられた者が内容を承認する仕組みだが、複数の者が関与する稟議には事前に特定の「人」（部門ではない）を割り当てておく必要があるので、当社のように契約の種類と金額によって合議・承認する者が異なる場合は事前に色々なパターンのフローを作っておかなければならない。また、担当者・承認者が代わればフローを修正しなければならない。稟議というよりは、特定の上司・部下間の報告・承認であれば、使い勝手がよいと思われる（機能は執筆時点のもの）。

社内での承認を前提とした機能なので、社外と契約を締結することはできないが、グループ間であれば、システム上の承認をもって契約締結とみなすことはできるかも知れない。

それぞれ一長一短があり、コスト削減、スピード向上などのメリットと、技術的環境の制約や証拠性の確保など、クリアすべき問題は多いが、参考としていただきたい。

14）但し、双日グループもそうだが、同じグループ企業でも、導入時期などの違いによって「テナント」が異なる場合は、同じ環境にログインすることすらできない。

5　eディスカバリー

(1)　eディスカバリーとは

ディスカバリー制度とは、米国の民事訴訟における証拠開示手続のことを指すが、2006年に米国連邦民事訴訟規則が改正され、電子的に保存された情報（Electronically Stored Information：ESI）の取扱いについて明確にルール化された。このESIについて開示する手続きをeディスカバリーという。

米国企業から提訴された場合は、期限付きでESIの提出が余儀なくされ、膨大なデータから提訴内容に関係した情報を絞り、迅速にまとめる必要がある。提出漏れがあると、隠蔽罪などの罪に問われかねず、厳格な正確さを求められる。これだけデジタルデータが増加した中で、その作業をすべて人力で行うのは不可能となった。

ベンダーにeディスカバリー対応を依頼する場合、ベンダーはまずESIのデータ保全を行う。保全とは、パソコンなどのデジタル機器内のデータの完全な複製を作成することで、後に原本が改ざん、消去等されていないことを証明することを目的とする。単に複製するだけでなく、技術的に完全に同一であることを示さなければならない。その後、データ処理・解析を行うが、そのためには重複したデータを排除し、日付やキーワードなどで関連データを絞り込む。どのようなキーワードを使用するか判断を誤れば、データの提出漏れを引き起こすことになるので、弁護士などの専門家に作業を依頼することが必要となる。

そうして絞り込んだデータを弁護士がさらに選別し、報告書と共に関連データを開示することになるが[15)]、これら一連の作業を行うeディスカバリー・ソフトウェアが存在する。

15）参考までに言うと、弁護士が作成した報告書や関連して弁護士が作成した資料は弁護士秘匿特権として、ディスカバリーの対象とはならない。

(2) 効果的なｅディスカバリー

米国では、訴訟費用の７割がディスカバリーにかかる費用と言われている。米国企業から訴えられた場合、通常日本企業は米国弁護士と相談しながらｅディスカバリー・ベンダーを選定する。AIを搭載したソフトウェアが一次的に関連情報を選別し、次の段階でベンダーと契約した若手弁護士が二次的な選別を行い、最後に直接契約した法律事務所が確認するなど、何重ものスクリーニングを経ることもある。

日本企業の場合、ｅディスカバリーはとかく法律事務所やコンサルティング会社に一任し、あまり介入しない傾向にある。餅は餅屋に任せるのも１つの考え方ではあるが、もっと踏み込んだ対応をする米国企業もある。

２人の元ジェネラルカウンセル（企業における法務担当役員）が執筆した『The Generalist Counsel』[16)]では、ジェネラルカウンセルはチーフ・インフォーメーション・オフィサーとしての役割も持つべきであり、ｅディスカバリーでは以下の観点を持たなければならないとしている。

・どのように技術を活用すれば、目的に沿ったESIを収集することができるか。

・弁護士に提出する前に、収集した膨大なESIを自ら技術を用いることで、どこまで削減するか。

・どのように技術を適用すれば、より効果的にESIをレビューできるか。

・ディスカバリーの要求を満たすために起用する法律事務所は、どのタイミングで使い始めるのがベストか。また、法律事務所以外のサービス・ベンダーをより良く、より速く、より安く使うためには、どのタイミングで使うのがベストか。

・インドまたは他の国をベースとしたサービスを利用することで、コスト削減やリードタイムを短縮することはできないか。

これらのジェネラルカウンセルの持つべき観点は、当然部下たる法務部

---

16) Dubey, Prashant and Kripalani, Eva (2013) The Generalist Counsel, New York: Oxford University Press. pp.124-125

員も持つべきものである。上記を実行するためには、社内の情報を日頃より管理・整理し、提出に必要なESIを絞り込めるよう準備することが求められ、かつeディスカバリーの技術を深く知り、日頃より複数の弁護士、会計士やコンサルティング会社と付き合わなければならない。ハードルは高いが、米国企業と競争するためには、今後日本企業が取り組まなければならない課題だ。

なお、過去同じESIを対象とした訴訟に対応するのに、膨大な作業を一からやり直すのは重複となるためできれば避けたいが、ファイルの種類、保全した日、重要度などを記録したうえで、1度スクリーニングしたESIをクラウド上に保存してくれるベンダーもある。複数の訴訟が発生した場合には多くの時間と費用の節約を図ることができる。

(3) 料金および課金体系など

費用は1件当たり数千万円は覚悟しなければならないであろう。ベンダーによって意外なほど開きがあることもあり、複数のベンダーから見積りを取りたい。また、見積額を上回って請求をされることがないよう、費用のかかり具合について途中で担当者に報告させるようにしたい。

Ⅲ　コンプライアンス業務

株価を下落させ、今や倒産をも引き起こすコンプライアンス問題の重要性に鑑み、企業は株主や取引先などのステークホルダー（利害関係者）から多くの質問・調査を受けるようになった。コンプライアンス問題への対応の重要性が日々増していることに議論の余地はなく、企業の経営者は自社で起きたコンプライアンス問題の解決に真剣に取り組んでいる。この状況によって、皮肉にも社内でのコンプライアンス部門の活動は理解を得やすくなり、以前に比べ予算の面からもリーガルテック・AIを導入しやすい環境になったと言えよう。

本項では、法務業務のうち、コンプライアンス業務に関連した「1　RPA」、「2　チャットボット」、「3　ホットライン」、「4　デジタル・フォレンジック」、「5　eラーニング」の各サービスの概要と、費用などの導入の参考になるポイントについて述べていきたい。

1　RPA（ロボティック・プロセス・オートメーション）

(1)　RPAとは何か

RPAとは、ロボットがまるで人間のようにコンピュータ内で作業することを可能にする技術を言い、人間の一部の業務を行うことから仮想知的労働者（Digital Labor）とも呼ばれる。現在のところAIではない。業務の自動化を指し、人間がキーボードやマウスを操作しているかのごとく、ファイルを作成・保存・移動し、文章を書き込み、インターネットにアクセスする。

定型的な業務で、しっかり文書化・フロー化されていれば、人間がPCで行える限りは基本的にはどんな業務でも自動で行えるため、人件費に換算した場合には、大きな削減効果を見込める技術である。今やかなり普及しているが、その魅力は、プログラミングなどの専門的な知識がなくても、ある程度のトレーニングを積めば誰でもロボットを作成できるという点だ。

(2)　法務業務への導入の可能性

RPAはサーバー型とデスクトップ型とがあるが、双日では、複数のサーバー型のRPAを使用している（【図表6】)。ITを業としているグループ会社では「開発者養成コース」を設置し、これを受講した社員はグループ内の別会社でロボットを作成する仕組みとしている。

既に伝票の作成・処理あるいは当社ビルへの入館証の発行など様々な活用がなされ、例えば、手作業で行っていたある承認手続きのリマインダーを電子メールで送付する作業をRPAに置き換えたことで、年間900時間の削減効果が得られた。法務部では、コンプライアンス統括課の反腐敗チームの業務での活用に大きな期待を寄せている。一例ではあるが、現在以下のようなフローに基づき行う業務があり、この業務をRPAに置き換えられないか検討中である。

双日では、第三者に業務委託する場合の業務委託先を「代理店」とい

【図表6】サーバー型とデスクトップ型RPAのイメージ

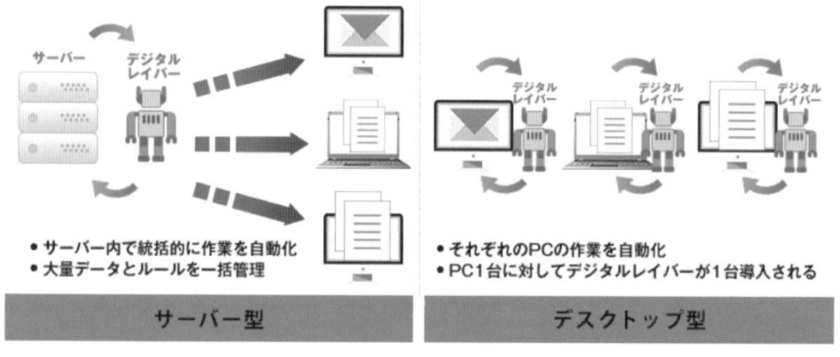

「IT トレンド」より（https://it-trend.jp/rpa_tool/article/rpa_type）

い、この代理店が贈収賄を行わないという確認を行うための「代理店起用申請」というプロセスがある。営業部門は原則法務部にこの代理店起用申請をすることが義務付けられるが、その申請には、代理店の情報と業務委託内容の詳細を記載することとなっており、それらのデータをフローチャートに当てはめ、法務部員が、言わば「松・竹・梅」のレベルに区分けする。最もリスクが高い「松」の場合は、相当な金額をかけて、外部調査機関に詳細な企業調査を依頼し、「梅」の場合は、提携業者のデータベース等を利用しながら法務部員が自ら調査を行う。贈賄を行うことのない安心な代理店であることを法務部が確認するまで、営業部門は代理店と契約を締結できない仕組みだ。

代理店起用申請は、社内の独自システムを使用するが、作業のフローチャートをRPAに当てはめれば、自動的に松竹梅の調査レベルを判断することができることになる。さらには、ウェブや電子メールへの入力方法を定型化することができれば、外部調査機関への調査の発注までも自動で処理することができる。心配であれば、発注の直前まで処理させ、人間が最終確認したうえで、ワンクリックで発注できるようにすればよい。

また、RPAはリーガル業務でも活用は可能で、特定のフォルダーに格納すれば、自動的に契約書を各フォルダーに振り分け、部員がドラフティングする際に参照できるようナレッジマネジメントに活用している企業もあると聞く。この技術はアイデア次第で多様な業務にて活用することが可能だ。

(3)　料金および課金体系など

1台単位で考えれば、デスクトップ型とサーバー型によって導入費用は大きく違う。デスクトップ型は、大量のデータ処理はできないが、サーバー型に比べ価格は断然低い（デスクトップ型の普及によりマーケットが急速に拡大されたとも言われている）。一方、ロボットをサーバー上で動かすサーバー型は、大量のデータを高速で処理するため効果も大きい反面、投資額は大きくなる。但し、複数のデスクトップ型RPAを一気に導入するのであれば、サーバー型とあまり費用が変わらない場合もありうるので、具体的な比較検討が必要である（デスクトップ型は無料のものもある）。

なお、デスクトップ型は１台のパソコンで作業が完結するので、不正行為を行わせない環境を確立する必要がある（１人のみが作業する場合、不正行為を行っても判明しづらい)。

2　チャットボット

(1)　チャットボットとは何か

チャットボットとは、「チャット（会話)」と「ボット（ロボット)」を掛け合わせた造語で、テキストや音声によって会話を行うロボットである。かなり普及した技術で、人間が質問を受ける代わりに、チャットボットに応えさせることで効率化を図る。法務部員は日々の業務で同じような質問を受けることも多く、これをナレッジ化できれば、重複した業務を避けることができる。

チャットボットにはAIが搭載されているもの（機械学習型）とそうでないもの（ルールベース型）がある。機械学習型であれば、質問をデータとして蓄積することで、ユーザーのニーズを機械学習して、ニーズの高い質問の回答を手厚くするなど完成度の高いチャットボットとなりうる。一方、ルールベース型は劣るかと言えばそうではない。AIは人間とは比較にならない処理スピードを有するが、今のところ質の面で人間を超えることはできない。ルールベース型では、Q&Aやフローチャートなどのルールをすべて自分たちで作り込む必要があるが、機械学習型であっても結局人間による確認が必要となる。重要なのは、質問に対して適切に答えられているかということであり、最初の質問と最後の回答を照合することで、デザインしたQ&Aは適切であったか、適切でなかった場合、どう改善すべきかの判断は最終的に人間が行うことになる。

(2)　法務業務への導入の可能性

例えば、前述（1⑵）の代理店起用申請について、法務部は、代理店起用申請は必要か、どのように申請するのか、調査の費用は誰が負担するのか、調査にはどれくらいの時間がかかるか、といった質問を繰り返し受けている。無論Q&A集も作成し、一定の成果は上げているが、残念ながらQ&A集に掲載されている質問を受けることも多い。また、法務部の担当者が不在であった場合は業務が滞る可能性もある。これが質問を入力することで、あるいはYes/Noを選択することで回答を得られれば、営業部門にとっても質問がし易くなるし、法務部にとっても負担が減る。

もともと法務部は、関係する業法等各種法令を俯瞰するためのコンプライアンス業務のみならず、リーガル業務においてもノウハウを落とし込んだ社内向けマニュアルを多く作成してきた。秘密保持契約、売買契約、業務委託契約についてひな型化・マニュアル化し、チェックリスト、タームシートなど効率化を図る書類も数多く存在する。つまり、チャットボット化のベースとなる資料は既に多くあり、これらを活用すればかなりの労力を省けるはずだ。

チャットボットの作り込みにおいて注意しなければならないのは、質問したのに適切な回答が得られないことをきっかけとしてユーザーに利用されなくなることである。他方、完璧な回答を目指すと時間がかかり、なかなかリリースできず、かえって効率が悪くなる。統計学上、７割から８割は初歩的な質問で、繰り返し聞かれる内容と言われている。つまり、この７割か８割の初歩的なQ&Aの作り込みに集中し、残りを掲載しないと割り切れば開発時間は格段に短くなるはずだ。あとの２割～３割は、質問も高度・複雑かつ多岐にわたることが多く、電話で対応すべき内容と言える。

また、担当者は、どのような質問がチャットボットにあるかしっかりと認識し、「その質問ならチャットボットで確認してください」と対応して誘導すれば自然と社内で普及するであろう。

他にも、必要書類がどこに保存されているかを答えさせるチャットボットを作成している企業は多い。繰り返しになるかもしれないが、法令違反への該当の可能性など、高度な判断を要するものにはチャットボットは不向きであり、単純かつ繰り返し質問を受けることの多い分野にて作ることに適している。

⑶　料金および課金体系など

料金・性能ともベンダーによって大きな違いがある。返答スピードは、あるベンダーは平均0.2秒しかかからないが4秒かかるものもある。各種アプリケーションとのAPI連携やRPAとの連携可否によっても料金が変わる傾向がある。日本語以外対応できないものもあれば、自動翻訳機能を搭載して60カ国以上の言語に対応しているものもある。デザインについても、1種類に固定されているものから、枠の色、サイズを選べ、企業イメージに馴染んだキャラクターを使用してカスタマイズできるものもあるし、中には雑談機能付きのものもある。

ボット数ごとに毎月1万円～10万円程度であろうか。また、大きな金額ではないが、導入初期費用がかかる場合とかからない場合がある。費用を支払えば、学習データ作成を代行してくれるベンダーもあり便利だ。トライアルが有償であるサービスもあるので、事前によく確認したい。

3　ホットライン

(1)　グローバル通報制度

双日では、社員がコンプライアンスに関する問題について内部通報（報告、相談を含む）できる、いわゆるホットラインを複数有しているが、ここではグローバル通報制度について紹介したい[17]。国内拠点にも活用できる情報も含んでいるので、海外拠点を持たない企業・法律事務所の方もご一読いただきたい。

双日では、10年以上前に米国ニューヨーク法人主導で、米国ベンダーのグローバル通報制度を導入し、現在もこれを利用している。双日が事業を展開する全世界の国と地域で利用可能で[18]、これらの拠点をカバーする24カ国語[19]で対応している。電話でも通報可能だが、ウェブでの利用が多い。日本語または英語以外での通報があった場合、多少時間はかかるが、守秘義務を負ったベンダーが英語に翻訳してくれ、英語で返答すれ

17）この他にも、CCO（Chief Compliance Officer）ホットライン、弁護士ホットライン、コンプライアンス相談窓口、ハラスメント相談窓口などを設けている。

18）但し、米国のベンダーであるがゆえ、イラン拠点のみ対象外。

ば、また現地語に翻訳してくれる。

グローバル通報制度は、社員、役員、退職者、契約社員、派遣社員、パートタイマー・アルバイト、そして取引先も利用可能であり、社員には「積極的に」利用してもらえるよう、様々な施策を採っている。「双日グループコンプライアンス行動基準」の冊子に掲載し、もちろん社内のイントラネット・ページに使用方法を掲載している。ホットライン情報を記載した「ホットライン・カード」も、24カ国語に翻訳して、入社時に世界の全拠点で配布するようにしている。日本では、新入社員や中堅社員向けのコンプライアンス集合研修でも常に紹介しているし、世界から現地採用の社員が日本本社に集まる各種研修でも同様だ。全世界の社員を対象とした「双日グループコンプライアンス行動基準」を教育するためのｅラーニングを実施した際にも、コンテンツにホットライン情報を織り込んだ。

その結果、常に一定数の利用があり、グループにおけるコンプライアンス問題の撲滅は難しいと感じる一方、グループ内のコンプライアンス問題の早期対処と自浄作用のある企業として信用確保に一定程度貢献し、また、社員にとって風通しの良い風土の醸成に役立っていることの証として、前向きに捉えている。

⑵　システム導入が必要な理由

内部通報制度については、2019年に消費者庁が認証制度（自己適合宣言登録制度）を導入した。関連する書籍やインターネットから情報を入手することができるので、網羅的な解説についてはそちらを参照いただきたいが、ここでは日常の実務的観点より重要な点をエッセンスとして取り上げたい。

①　社員の保護（守秘性・匿名性の確保と報復措置の防止）

「どうせ言っても無駄だ」「通報したら加害者に伝わるに決まっている」

19）日本語、英語、ポルトガル語、スペイン語、チェコ語、フランス語、ドイツ語、ハンガリー語、イタリア語、ポーランド語、ロシア語、トルコ語、ウクライナ語、中国語（簡体字）、中国語（繁体字）、韓国語、マレー語、タガログ語、タイ語、ベトナム語、インドネシア語、ミャンマー語、クメール語、セブアノ語、アラビア語。

との印象を社員が持っていたとしたら、その誤解を解かないと内部通報制度は機能しない。

内部通報制度において、最も重要な要素の1つは、守秘性・匿名性を確保し、情報漏洩による誹謗中傷・干渉から社員を保護することだ。通報窓口から誰が通報したかという情報が漏洩してしまったら、誰も通報しなくなってしまう。匿名で通報を受け付けた場合、意図的ではないにしても、調査の過程で通報者が特定されてしまった場合、通報制度そのものの信頼を失うことになってしまうのだ。

この点、ウェブベースのサービスを利用すれば、本人が名乗らない限り誰が通報したのか、通報窓口の担当者にもわからないし、返答を他の者に誤送信することもない。通報窓口担当者のメッセージは、安全な形で通報者のみが読める状態となる。ウェブベースの通報システムは、最も守秘性・匿名性を確保できる手段と言え、今や通報制度を促進するうえで欠かせないツールと言ってよい。

反面、完全な匿名性が確保されるため、通報内容が大げさになってしまったり、最悪の場合、なりすましや根も葉もない作り話が通報されるリスクも伴う。通報窓口担当者には、真実は何であるかを追求するという高いスキルが求められるため、単にハード面でシステムを導入すれば済むというものではなく、同時に、担当者の教育というソフト面でのスキルアップも求められる点を認識する必要がある。

もう1つ重要な要素として、通報したことによって、通報者に人事上の不利益が被ることは絶対に避けなければならない。勇気をもって顕名で通報した者（あるいは、匿名ではあるが、調査の過程で通報者が推測されてしまう可能性について了解した者）には、「あなたが通報したことが知られても、会社として絶対に報復措置はさせない」と約束し、それを実行することが重要だ。そのためには、報復した者は懲戒処分の対象とすることを社内ルールで明確にし、被疑者にもそれをしっかりと伝えなければならない。日本の公益通報者保護法では、通報者が保護されるのは、同法に掲げる法律に違反する犯罪行為または法律違反に該当する場合に限定され[20]、保

20）公益通報者保護法（平成16年法律第122号）2条3項。

護の範囲が不十分である。法律以上に保護対象範囲を広げ、社員に安心して利用してもらえるようにしたい。

②　使い勝手の良さ

グローバル通報制度は、当然電話による受付のみでは機能せず、24時間利用可能なものでなければならない。日本国内であっても、就業時間中は電話をかけられない者もいる。電子メールも有効な手段だが、誤送信のリスクがあるし、メールアドレスが特定されるので、匿名を希望する場合には、氏名を含まないメールアドレスをわざわざ作る人もいるようだ。また、言語の問題は電子メールでは乗り越えられないため、自社でシステムを構築するか、ベンダーのサービスを利用することとなる。

また、システムを利用してもらうように宣伝することも必要だ。行動基準の冊子およびイントラネットへの掲載、ホットライン・カードの配布、各種研修およびｅラーニングでの紹介について前述したが、この他にも、経営トップから発信する、コンプライアンス月間を設けてポスターを掲示する、職場会などのテーマに取り上げて議論させる、コンプライアンス・アンケートを実施するなどの施策を採っている会社もある。

内部通報がないので社内にコンプライアンス問題はない、と考えているとすれば、それは本当にコンプライアンス問題のない稀有な会社か、または内部通報制度が機能していないかのいずれかということになろう。

③　公平性・透明性の確保

公平性を確保することも通報者から通報制度の信頼を得る重要な要素だ。例えば、通報者が「通報したのに調査がなされていないのではないか。」「処分されずに揉み消されているのではないか。」との疑問を持たないよう、通報者には丁寧に接し、状況を適切な範囲でフィードバックして透明性を高めることで信頼を得ることができる。

上司からのハラスメント行為に関する匿名の通報で、報復を恐れてグループ会社名や部署名も伏せて通報し、改善を要求されたことが過去何度となくあるが、上司の名前や部署名がわからなければこちらとしては手の打ちようがないことを丁寧に説明した。通報者は、切羽詰って整理がつかないまま通報してくる者も多く、メンタルに不調をきたしている者もいる。適切に説明することで公平性を伝えたい。

また、懲戒処分が公平になされていることを示すためにも、懲戒処分を社内で発表している企業は多い。氏名、部署、処分内容、理由、再発防止策を公表することが考えられるが、どこまで公表するか企業によって方針は異なる。注意したいのは、例えば、セクシャル・ハラスメントの加害者の部署を公表すると、被害者が周りから特定されてしまう可能性があり、会社の責で被害者が二次的な精神的被害を受けてしまうこともありうる。したがって、公表は慎重に行わなければならない。

また、公表する場合と公表しない場合があってはならない。公表しない例があることを社員が知ったとき、社員は不信感を持つからだ。公表にあたってはルールを決め、例外を認めない運用が求められる。

通報サービスには、懲戒処分事案の調査過程や処分内容、公表内容まで管理できるものもある。内部通報システムは、公平性・透明性を確保し、内部通報制度の信頼向上に寄与するツールとなる。

⑶　コンプライアンス体制との整合

グローバル・スケールで通報制度を導入する場合に、特に注意しなければならないのは、コンプライアンス問題が生じたときに対応する体制との整合を取ることだ。現地で問題が起こっても、現地社員と現地弁護士に指示しながら日本の本社主導で問題の解決を図る企業もあれば、日本人出向者や現地社員などの現地法務責任者が対応し、日本本社へは報告のみあげるという企業もある（経営に関する重要な問題のみ報告するルールとしている企業もある）。あるいは、国・地域によってこれらが混在している企業もあろう。また、法務のバックグラウンドを持たない管理部門の責任者が現地のコンプライアンス責任者を兼務していることもあるだろうし、法務責任者の上司が現地の社長であれば、日本への報告は二の次となることもあり得る。

これらの問題を克服するため、実際に通報があった場合、誰がどのように動くか日頃からシミュレーションをしておきたい。通報の受け手は、調査を行う者であることが理想だが、実際にはそうでないことも多く、大きな問題が発生した場合は混乱も予想される。本社主導で通報制度とコンプライアンス体制のギャップを埋めておく必要がある。

⑷　ベンダーによる新たなサービス

双日がシステムを導入した当初は、日本でグローバルに対応した内部通報システムは恐らくなかったが、最近では、会計監査法人や、リスクマネジメント、CSR 支援から派生して、多言語の内部通報システムを提供するベンダーも増えた。また、単なる器としてではなく、通報者の通報を直接受け、整理したうえで企業に繋ぐという「前捌き」をしてくれるベンダーや弁護士もいる。通報の受け手となる担当者にメンタルヘルスのプロ

【図表7】NAVEX 社「EthicsPoint®」の使用画面

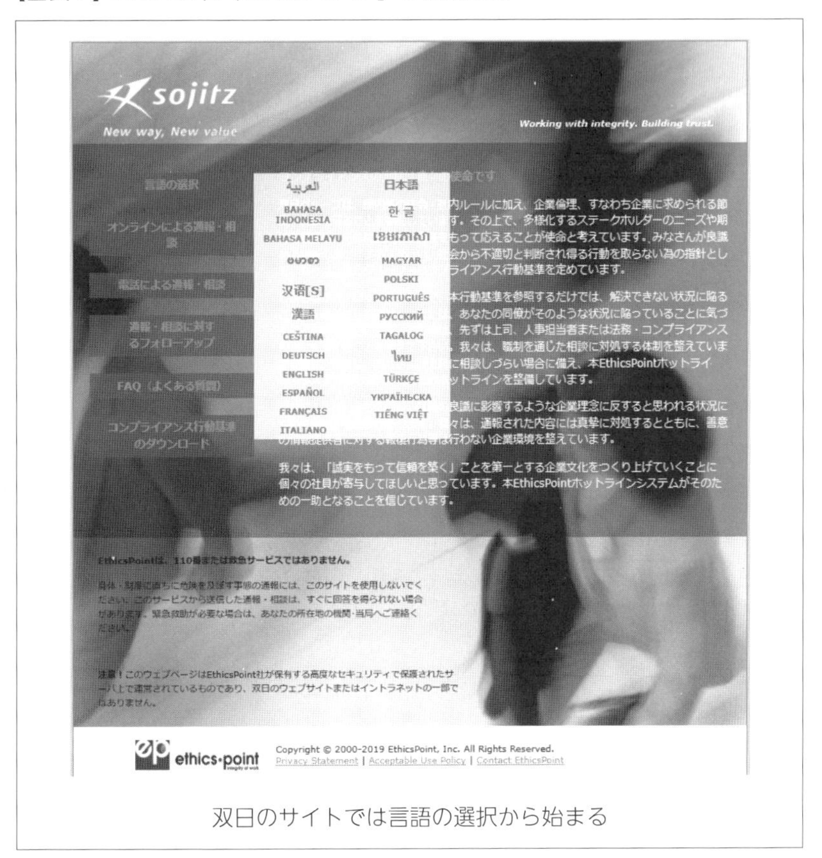

双日のサイトでは言語の選択から始まる

フェッショナルを置くベンダーや、希望に応じて企業の担当者に内部通報の模擬トレーニングを提供するベンダーもあり、選択肢は大きく広がった。クラウド・サービスにしてセキュリティを高め、スマートフォンからアクセスできるものもある。

双日が利用するサービスでは、どの国からどのような通報が何件あったかデータ化されており、データベースは企業からのアクセスが必要となるが、月次・年次でレポートをまとめて報告してくれるベンダーもある。これらのデータを上手く利用すればどの地域でどのような施策を打つべきか効率的に計画することができる。

(5)　料金および課金体系など

相談があってもなくても、一定の月額や年額を支払う形式が多い。導入費用の有無は、プランによって異なることがある。海外を対象に含む場合は、5カ国まで一定で、以降1カ国増えるごとに料金が追加となったり、拠点の従業員数で設定されているところもある。料金に相当ばらつきが出ることもあり得るので、複数のベンダーから見積りを取った方がよい。

【コラム】本社が懲戒処分を決めるべきか

どの国でも共通で法律違反となる犯罪は多いが、国・地域によっては合法か違法か扱いの異なる問題もある。例えば、大麻、カジノ、売春などは国・地域によって法律違反にあたるか否かは異なるし（米国などは州によっても異なる）、取引先から個人的にキックバックを受領するのは当然で、それを会社の同僚間で分かち合うことを文化とするアジアの国もある。ハラスメントは世界的に厳格に取り扱われる傾向はあるものの、国によって法律は異なるし、酒の持ち込みが禁止されている国もある。このような問題について、果たして本社の感覚で一律に懲戒処分にしてよいのであろうか。

確かに、グループ内で公平に裁くことも重要であって、本社が懲戒処分を決めるのも一案だが、それでは処分を不服として訴えられた場合、敗訴する可能性がある。あえて、そのリスクを取るかどうか。

世界の様々な法律を効率的に比較してくれるリーガルテック・AIやHRテック（人事テクノロジー）はまだ聞いたことがなく、社内で協議し整理しておくべき問題かもしれない。

4　デジタル・フォレンジック

(1)　デジタル・フォレンジックとは何か

デジタル・フォレンジックとは、パソコンやスマートフォンなどのデジタル機器にある記録を収集・解析し、法的な証拠能力を確保し、分析する技術を言う[21)]。消去したデータを復元し、コピーやアクセスの履歴も取得する。元々は、犯罪捜査などに使われていた技術だが、最近では企業の不正行為の調査にも使用されるようになった。

企業が不正行為調査でデジタル・フォレンジックを使用するのは、費用とのバランスにより、将来的に刑事または民事裁判で争われる可能性のあるような大きな企業不祥事や違反行為が発生した場合が多いと思われる。具体的には、重大なコンプライアンス問題を起こした社員のパソコンを押収して保全し、消去した電子メールを復元することで、会社の機密情報を漏洩させた記録を取得したり、不正会計に至った経緯など発見できる可能性がある。また、データ収集のみではなく、統計的分析など高度な技術を用い、膨大なデータからリスクの高いもののみに絞り込むなど、その精度はｅディスカバリー同様、日進月歩の進化を遂げている[22)]。

また、最近では「ファスト・フォレンジック」と言って、問題があった初期段階で即座にデジタル・フォレンジックを行う意識が高まってきた。そのため、一連のデジタル・フォレンジックの初期段階は自分たちで行う

21）デジタル・フォレンジック研究会の定義では、デジタル・フォレンジックとは、「インシデントレスポンス（コンピュータやネットワーク等の資源及び環境の不正使用、サービス妨害行為、データの破壊、意図しない情報の開示等、並びにそれらへ至るための行為（事象）等への対応等を言う。）や法的紛争・訴訟に際し、電磁的記録の証拠保全及び調査・分析を行うとともに、電磁的記録の改ざん・毀損等についての分析・情報収集等を行う一連の科学的調査手法・技術」をいう。

なお、「フォレンジック」とは、通常「デジタル・フォレンジック」を意味するが、場合によっては、不正調査、ｅディスカバリー、危機対応やコンプライアンス体制の構築までを含むより広義で使用されることもあるので、本書では明確に区分けするため「デジタル・フォレンジック」を使用する。

企業も出始めた。双日では、会社を揺るがすほどの不祥事ではないが、関係者が過去に削除した電子メールを復元したうえで、キーワード検索をかけたいといったニーズがある場合、復元・解析ツールを一時的に（例えば、１カ月）使用させてもらい、自分たちで調査を行うこともある。これにより費用はかなり抑えられるが、社員の一定のスキルが必要となる。

(2)　料金および課金体系など

デジタル・フォレンジックのすべてのプロセスを委託した場合は、機器の種類・台数や対象となるデータの量で料金が変わるので一概には言えないが、百万円単位の費用が発生するであろう。最近のファスト・フォレンジックの傾向を踏まえ、価格を抑えて、保全、復元、解析といったプロセスごとにサービスを提供するベンダーも登場し、サービスの利用には年間使用料を支払うケースが多いようだ。なお、保全のみであれば無料ソフトウェアも存在するが、操作には高いスキルが必要となる。

5　eラーニング

(1)　eラーニングは自前の時代

eラーニングとは、「パソコンとインターネットを中心とするIT技術を

22）PwCアドバイザリー合同会社の吉田卓氏は、デジタルフォレンジックスとeディスカバリーの境界線が極めて曖昧になってきているとしたうえで、「通常、『デジタルフォレンジックス』は、１つの媒体を深掘する詳細かつ緻密な作業であり、元来『eディスカバリー』とは切り分けて考えられてきた。しかしながら、電子データを証拠として取り扱うという点、電子データを保全する手法（ツールおよびテクノロジー）については『デジタルフォレンジックス』と『eディスカバリー』共に共通している。また、最近では『デジタルフォレンジックス』のプロセスの中で、大量のEメールを対象に調査するなどの事案も増加傾向にあり、限りなく『eディスカバリー』に近い作業も発生している」としている。吉田卓「企業の不正を明らかにする『デジタルフォレンジックス』【第３回】「デジタルフォレンジックスと『eディスカバリー』」」Professional Journal No.147（2015年12月３日）〈https://profession-net.com/professionjournal/management-219/〉。

活用した教育システム」[23]をいい、受講者は、受講の時間と場所を自由に選んで、画一的な授業を受講でき、今や広く普及したサービスである。eラーニングが生まれて30年近くが経つが、この技術も進化の一途をたどっている。

eラーニングが誕生する前、ベンダーはビデオテープの教材を作成していた。集合研修にて講師が行っていた講義の代わりにビデオを流すことで、国内の複数の事業場を持つ企業でも画一的に学習させることを可能にした。これがいつしかCD-ROM／DVDへとメディアは移り、今やウェブベースでの受講が主流である。さらに最近は、企業が自前でeラーニング教材を作成するフェーズを迎えている。

ウェブベースのeラーニングは、コンテンツと学習管理システム（Learning Management System：LMS）から構成されている。自前でeラーニングを実施したい企業は、まず、パワーポイントなどでコンテンツを作成し、LMSベンダーが提供する教材作成ツールでこれを取り込み、Webコンテンツへと変換する[24]。それをLMSに登録すれば、コンテンツの配信やユーザー管理（管理権限設定、配信管理、学習者の登録、受講状況管理、学習者への電子メール送信など）が可能となるのだ。

また、最近では、ITに慣れ親しんだ世代を念頭に置いた、5分程度の短い空き時間を利用して、スマートフォンなどで学習できる「マイクロラーニング」も普及してきた。重厚なトレーニングや重要情報を含むコンテンツには不向きだが、手軽に学習するものとは相性が良い。

(2) 自前eラーニングの活用例

双日では2010年に「双日グループ　コンプライアンス行動基準」を制定し、2016年に改定したが、この理解を社内で促すためにそれぞれeラーニングを実施した。1回目のときは、日本で双日のニーズに対応できるベン

23) 日本イーラーニングコンソシアム（elc）の定義による〈https://www.elc.or.jp/overview/〉。

24) SCORM（スコーム）規格へ変換するとの意。SCORMはLMSの標準規格で、Sharable Content Object Reference Modelの略。

【図表８】双日の「e-Campus」

ライトワークスの「CAREERSHIP®」をベースにしている

ダーはあまりなく、米国のベンダーに依頼してコンテンツを一から作成した。コンテンツはインタラクティブなものでなく、情報が掲載された画面を繰っていく一方的なものであった。

２回目は、ベンダーが販売するコンテンツをカスタマイズし、LMSを使用する権利を買って自分たちでグローバルに配信することを試みた。ベンダーのコンテンツに必要な部分を追加し、あるいは不要な部分を削除したり、不自然な日本語を修正して、一部クイズも自分たちで作成した。

そして、2018年にいよいよ自前のLMSを導入することになった。早速法務部では、パワーポイントで反腐敗に関するコンテンツを作成し、教材ツールでウェブ仕様に変換したうえで、配信した。パワーポイントで作成したアニメーションもそのまま動く。章ごとの確認テストや終了テストを作成するのもいたって簡単だ。終了テストでは、３つの選択肢のうち正解が１つしかないものや、５つのうち正解がいくつあるかわからないものなど、難易度を変えながら80点の合格点に達しなければ完了できない構成とした。

人事部から入手した社員データベースをCSVファイル[25]にて、LMSにアップロードすることで社員へのコンテンツ配信が可能となり、同時に、受講案内や、設定日時までに受講していない社員については、催促メールも自動配信するようにした。部門ごとに受講率を出して部門長に伝えることで、競争させながら全員受講を目指し、99%以上の社員に受講させることができた。

eラーニング・システムを導入すれば、コンテンツはもちろん自前で作成してもよいし、SCORMベースのものをベンダーから購入してもよい。現在筆者が社内で受講できるeラーニングは強制受講と任意受講のものを合わせて90講座以上ある。貿易実務やアカウンティングといった、以前は満員でなかなか受講できなかった集合研修の講座やパワハラやサステナビリティ、リスクマネジメントなどの啓発研修、さらには、人事評価制度、テレワークの使い方、感染症理解、DC年金の活用、エクセル講座、TOEICなど、内容は多岐にわたり、数年前と比べて隔世の感がある。

⑶　料金および課金体系など

今や数多くのベンダーが存在するが、操作の容易性、学習状況の管理機能など、使い勝手の面ではかなりの差がある。グローバル企業の場合は英語等多言語でのユーザーインターフェース（使用画面）を用意できるかもポイントだ。料金はユーザーのアカウント数ではなく、ライセンス数によるところが多い（1人が1年間で2コンテンツを受講したら2ライセンスと数える）。料金は数百万円から。このサービスはなかなかトライアルすることが困難なので、経験豊富なスタッフに信頼できるベンダーを選定させるのがよいかも知れない。

25）CSVとは、Comma-Separated Valuesの略で、異なるアプリケーション間でデータをやり取りする際に使われる形式。CSVで作成されたファイルをCSVファイルという。

Ⅳ　その他のサービス

以下は、その他双日法務部で便利に利用しているサービスを紹介する。

1　文書比較ツール

大手外資系法律事務所であればどこでも導入しているマイクロソフトWordの比較ソフトを双日法務部でも導入している。２つのWord文書を比較すると、その変更箇所について、追記箇所を青、削除箇所を赤、移動箇所を緑に表示してくれる。Wordにも比較機能はあるが、１文に変更箇所が多いと文がすべて変更されてしまったかのように表示されたり、条項の順序を入れ替えただけでもすべて修正したように見えてしまう。この比較ソフトを使えば、より緻密な比較が可能となり、追加削除、文字数などもまとめて表示する。外資系法律事務所とのやり取りでは有用なので、長年にわたり使用している。

2　プルーフリーディング・ツール

プルーフリーディングとは、契約書を最終版とする段階で、エラーを訂正したり、文章や言葉遣いの整合を取る作業だが、英文の長文契約ともなれば結構な時間がかかる。双日では、この作業を支援するソフトウェアを導入することにした。

これを使えば、定義していない単語があたかも定義しているように使われている（一般用語なのに最初の文字が大文字）、逆に定義されているのにその後使われていない、スペースが開きすぎている、閉じ括弧が欠落している、条項追加（または削除）に伴う条項のずれが補正されていない、日付と曜日が合わないなど、時間と手間がかかるエラーや不整合を瞬時に指摘する。

ベンダーによれば、最大でプルーフリーディング作業の90％がこのソフトにより軽減されるとしている。

3　法律書籍データベース

大手出版社が発行した書籍や官公庁の資料をデータベース化して全ページをオンラインで閲覧できるようにするサービスが開始された。用語での一発検索が可能で、書籍のタイトルだけでなく、文中の語句も検索可能である。したがって、リサーチの効率を圧倒的に上げる可能性を秘めている。

メモ欄に何らかの情報を記載すると、これが栞となりトップページからワンクリックでメモしたページに戻ることができる。コピーやダウンロードすることはできないが、プリントアウトすることはできる。

契約書の書式集をマイクロソフトWordの形式にて出力する仕組みや、リサーチについて相談する仕組みも検討中という。これから蔵書数も拡大が見込まれ、法務業務に大きな影響を与えることになるかも知れない。

4　ウェブ本棚

双日法務部には書庫があり、書籍が長年蓄積されている。分野ごとに仕分けされているので、特定の書籍を探すのはさほど手間ではないが、そのような書籍を保有しているか不明な場合、都度書庫に行って実物を確認するのは効率が悪い。

そこで、ウェブ本棚なるサービスを利用している。双日法務部の本棚をウェブ上に開設し、そこに書籍を登録していくことで、どのような書籍を所有しているか検索可能となる。自分で登録するというより、元々ある書籍のデータベースからデータを取り込むので手間はそれほどかからない。それでいて、疑似本棚に表紙を並べ、書籍の内容や評価も閲覧できるようになるので、手軽に効率化が図れ、そして無料である。

5　翻訳ツール

全社的に英語と中国語に対応する自動翻訳ソフトは導入済みであったが、最近数十言語の翻訳に対応した別の自動翻訳ソフトを法務部独自で導入した。導入の理由は、言語数もさることながら、高い翻訳レベルにある。

このシステムは翻訳対象となる文書がどのような分野に属する文書であるか選択することで、より正確な翻訳ができる。特に、英語から日本語への翻訳のレベルが高く、契約書や議事録といったフォーマルな文章では手直しが不要なレベルに翻訳されることが多い。電子メールなどの表現が柔らかい文章の場合、翻訳精度は落ちるが、それでも意味は十分通じる。また、日本語から英語の場合、これはどの翻訳ソフトでも同じだが、主語がない文章も無理やりでも主語を作ってしまうため、全体の意味が崩れてしまうことがあるが、それでも大体の意味は通じる。翻訳時間は分量によるが、ほとんどの場合は１分程度しかかからない。

日本語という言語はとにかく特殊であるため、翻訳が最も難しいと言われている。ゆえに、英語とスペイン語の翻訳など他の言語間の翻訳は、英語と日本語間の翻訳よりも精度が高いと聞く。一方、英語以外の言語間の翻訳でも、一度英語に翻訳し、それを他の言語に自動翻訳し直すことで翻訳精度を高めている。

さらに、このシステムは、ファイルの形式を選ばない。マイクロソフトパワーポイントやExcelもそのまま翻訳することが可能で、表やグラフも崩さず、そのままのレイアウトを保って翻訳できるので、ビジネスの概要書や付随書類の翻訳にも有効だ。PDFにも対応する。

社内でよく使う独特の表現も単語登録することで、より理解しやすい翻訳ができる。ある企業では、徹底的に社内用語を登録することで、手直しの時間を節約し、トータルでは随分効率化が図れたと聞く。

料金形態は、月々の一定額に加えて翻訳文字数によって課金する形態や、相当の導入コストを支払うことで、以降の年額、月額支払いをせず、割安な翻訳文字数に応じた費用を支払うプランなどがある。

V　導入時の注意点

本項では、リーガルテック・AIを導入するにあたって、筆者の体験に基づいて重要であると感じた注意点として、「1　規模とコスト」、「2　協業・多機能化の傾向」、「3　新たなアドミニストレーション業務の発生」、そして、「4　セキュリティの問題」の4点にまとめて共有したい。

1　規模とコスト

リーガルテック・AIを導入するにあたっては、規模によって効果的なサービスは異なることは述べてきた。小規模の会社におけるいわゆる「1人法務」や小規模企業の法務部では、契約レビュー・サービスや翻訳サービスは日々の業務を助けてくれるであろうし、リサーチ・サービスも有用であろう。一方、ワークフロー・文書管理、RPA、チャットボットなどは不要かも知れない。

また、今まで紹介してきた課金体系は、ベンダー選定における重要な要素であり、毎年一定金額を支払うものや、一定金額と従量課金を組み合わせたもの、ユーザー数（アカウント数）でボリューム・ディスカウントがきくものもある中で、最も費用を低く抑えるプランを選択することは意外に難しい。なお、ベンダーに直接尋ねてみると、ウェブページには掲載されていないプランがあったり、ディスカウント交渉が可能な場合もある。

ほとんどのサービスはトライアルを行えるので、試用してから導入したい。

2　協業・多機能化の傾向

日本でも多くのリーガルテック・AIベンダーが誕生・参入し、ユーザーとしても最新の情報に追い付いていくことが大変な時代となった。数だけではなく、日々新しい機能が搭載され、使い勝手も向上され、質の意味でもキャッチアップし続けるには今までよりも多くの時間を割かなければならない。

そのような環境の中、ベンダー間の協業や、別の技術を取り込む傾向が強くなっている。例えば、契約レビューと電子署名や翻訳サービス、ワークフロー・文書管理と電子署名のサービスがAPI連携されたり、ワークフロー・サービスに契約レビュー機能を搭載するといったことが増えた。「できれば1社にまとまって欲しい」とは法務部員がよく口にする冗談であるが、1社で多くの機能を提供するサービスは企業側のニーズに合ったものとも言える。

他方、重複を避け、効率的にサービスを導入するには、より知識を身に付けることが必要となった。リーガルテック・AIの専門チームを設置した日本の大手法律事務所もあると聞く。企業も担当者が業務として常にリーガルテック・AIの動向をウォッチする体制とする必要がある。

3　新たなアドミニストレーション業務の発生

意外と忘れがちなのが、異動に伴う登録ユーザー情報のタイムリーな更新だ。抹消すべきユーザーをそのまま登録し続け、異動後も課金されていたり、新入社員や異動してきた社員が使えないままになっていることもある。実は、登録・変更方法はベンダーによってまちまちだ。

電子メールで連絡するベンダー（この場合も指定フォームがある場合とない場合がある）もあれば、電話で変更を受けるベンダーもあり、また、管理者登録しているユーザーがシステムに入って変更するベンダーなど様々だ。システムで変更する場合、作業を派遣社員に依頼しても、ユーザーとして登録されていないのでシステムに入ることができず、変更作業のためにサービスを利用しない派遣社員を登録ユーザーにして課金を受けるのかといった問題もある（5名や10名ベースでアカウントを作成するベンダーは1名増やしてもコストが同じ場合もある）。手続きは意外に面倒で、タイムリーに変更しなければ無駄なコストが生じるのだ。

また、導入時の問題として、最近はウェブ・アプリケーションのものが増えたが、パッケージソフトをダウンロードするものもあり、会社のセキュリティ対策によりインストールできない場合もある。その場合は、IT 部門などに依頼して、1台ずつセキュリティを解除してダウンロードを行うなど、実務面で手間がかかることになる。

さらに、導入にあたっては、導入時の操作方法を社員に教育することに加え、常に進化する機能を教育し続けることが使命となることをよく認識しなければならない。

1つや2つのサービスであれば問題ないかも知れないが、それ以上となると導入、更新、教育担当者を決める必要がある。効率化を手にいれる代償に管理コストが上がるのが皮肉なことではあるが、トータルの効率を上げるためにはやむを得ず、担当者のタスクとして登録し、業務として正当に評価する体制が望まれる。

4　セキュリティの問題

セキュリティの点で信用を失うと商売として成り立たなくなるため、どのベンダーも様々な機関からセキュリティの認証を受けつつ、セキュリティ対策を講じている。但し、ベンダーによるセキュリティ対策は問題ないという説明を安易に鵜呑みにすべきではない。例えば、クラウド・サービスの採用にあたっては、事前に自社のセキュリティポリシー（ユーザーID・パスワードをどのように管理するか、データ保管場所は国内限定にするか、バックアップの手法はどうするか）を定め、これを遵守できるベンダーを選定する基準を設けておくことが重要となる。

ほとんどの法務部員は技術的なセキュリティに関する知識に乏しく、IT 部門などの社内の専門家に検証を依頼する必要があるため、その意味では日ごろから密なコミュニケーションを取り、情報交換しておくことも必要だ。

ユーザーとして気を付けなければならないのは、ファイルの共有などにおいて、いつの間にか秘密情報を第三者からアクセス可能な状態にしてしまうことだ。クラウド・サービス上のやり取りは、電子メールよりセキュリティ面で安全で、容量にも制限がないため大変有用であるが、例えばある機能をオフにし忘れたことにより他の第三者が閲覧可能になってしまうようなケースが実際にある。社員の教育というソフト面でしかカバーできないこともあるので、随時社員のセキュリティ教育が必要となる。

第2章

リーガルテック・AIの開発の現状

はじめに

双日株式会社 法務部　高林　淳

第１章では、双日の導入したリーガルテック・AIを紹介してきたが、**第２章**では、それぞれ「契約レビュー」「リサーチ」「電子署名」「ワークフロー」の分野を代表するベンダーの方に各分野のテクノロジーについて、製品への思いとともに論じていただく。さらに、弁護士の宮内宏先生には電子署名の最新の動向であるトラストサービスについて（特別コラム）、また、金沢工業大学の一色正彦客員教授にはｅラーニングを用いた予防法務の具体的取組みについて（V）ご紹介いただく。

【コラム】リーガルテック・AI先進国アメリカ

リーガルテック先進国である米国では、2017年には3.05億ドル（１ドル110円換算で約336億円）、2018年には8.25億ドル（約908億円）もの資金がリーガルテック関連のベンチャー企業へ投資された[1)]。これに対し、日本では年間20～30億円に過ぎないと言われている[2)]。リーガルテック・AI関連ベンダーの数は日本の比ではなく、リーガルテックに関する情報交換を目的として1980年に設立された国際リーガルテック協会（International Legal Technology Association：ILTA）には、米国の法律事務所と企業を中心に、24,000以上の企業・団体が加入している。

クロスボーダーのM&Aや訴訟では、今でも米国弁護士事務所に頼ることが多いが、リーガルテック・AIの分野でも、米国ベンダーが主導するのか。日本の法務力を強化するため、ぜひ日本のベンダーにも頑張ってもらいたい。

1）https://news.crunchbase.com/news/legaltech-companies-snap-up-106m-in-vc-during-active-january/

但し、どの範囲をリーガルテック市場と捉えるかによって数値は異なる。例えば、『The In-House Counsel's LegalTech 2018 Buyer's Guide』Law Geex. 2018. p.12. によれば、2017年のリーガルテック投資額は2.24億ドル（約246億円）としている。

2）堤＆パートナーズ法律事務所・代表コラム　堤悦朗「リーガルテックの意義と背景」（2019年７月３日）〈http://www.ttm.partners.jp/〉。

I　契約レビュー業務支援ソフトウェア
——LegalForce

株式会社 LegalForce 代表取締役 CEO／
法律事務所 ZeLo・外国法共同事業 弁護士　角田　望

1　序　論

——もっと良い方法はないものか

私は、企業法務事務所において弁護士として勤務した後、法務業務へのテクノロジー導入を目指し、共同創業者である小笠原匡隆とともに、株式会社 LegalForce（以下「LegalForce」という）及び法律事務所 ZeLo・外国法共同事業を創業した。

弁護士としての経験を積むにつれ、私の中で、日々の業務に対して上記のような疑問を抱く場面が増えていった。そして、勤めていた法律事務所を辞めて独立し、ある企業の法務担当者としての業務を請け負うようになったとき、その思いは確信に変わった。私はその企業が締結する日々の契約書のレビューを請け負っていたのだが、ビジネスモデルが同じであるため、基本的には取引先が変わろうと、盛り込むべき事項は決まっている。交渉力等の関係で先方から提示されるひな型を、私はいつも同じような観点からチェックし、同じように修正し、似たようなコメントを入れていた。

企業にとって契約は、取引先との間で権利義務関係を生成する唯一の方法であり、相互に法的拘束力を有する。契約書は極めて重要である。かつ、その背景には法律があり、裁判例があり、契約実務のプラクティスがあり、極めて専門性が高い。他方で、背後にあるビジネスモデルが変わらなければ相応の経験を有する者にとっては定型処理が可能な場合も多い。しかし、法務業務を効率化する手段がないがために、毎回すべての業務を人手で対応し、かつ、繰り返さなければならなかった。しかも、人手のみで対応しているがゆえに、かえって安定的なパフォーマンスを出すことが難しい。前述の法務担当者としての仕事は、私と共同創業者である小笠原と2人で担当していたが、小笠原と私で微妙にコメントを入れる箇所が違ったり、流儀が違ったりする。背後にある法令や裁判例の規範は同じで、かつビジネスモデルも同じであるのに、法務担当者によってコメントが異なるのである。定型的な業務を人が行うことによる生産性向上の限界はもちろんだが、背後にある法律やビジネスモデルが同じであるにもかかわらず、担当者によってコメントする内容が異なるという点に何より大きな問題を感じた。本来、背後にある法律が同じで、ビジネスモデルが同じであれば、基本的には初期的かつ理想的なコメントは同じにならなければならない。これが異なるとすれば、どちらかが間違っているということである。

LegalForceを創業するまで、私は大手法律事務所における勤務弁護士として、あるいは独立後に弁護士として活動していた時期を通じて、企業法務業務を幅広く経験した。企業法務業務は、新しいスキームの考案、相手方や取引先あるいは裁判所との折衝、定型的な契約書の作成・レビュー、あるいは長大なドキュメントの確認作業といった業務まで非常に多岐にわたる。これらの業務は、いずれも企業法務においてはなくてはならない業務であり、一つ一つが極めて重要である。

問題は、これらの業務が人手のみに依存し、品質の担保も個々の担当者に依存していることだ。例として相応しいかはわからないが、例えば、製造業であれば工業製品の製造過程は数十年前から機械化が進み、人は工程全体を管理し、あるいは機械化が困難な業務に従事している。しかし、法務業務に関していえば、本来コンピュータ処理になじむような事項もすべて人手で提供されている。法務業務を支える、法務に特化したソフトウェアが存在しないために、すべてが人手に頼らざるを得ないのである。

――テクノロジーでリーガルサービスを支えたい。

私たちがLegalForceを創業した理由である。

LegalForceでは、法務部門／法律事務所向けの法務業務支援ソフトウェアである“LegalForce”を開発提供するほか、京都大学との間で共同研究開発契約および学術指導契約を締結し、自然言語処理技術および形式検証等のコンピュータサイエンスの知見の法律業務への応用を日々実践している。

その根底には、法務専門家をテクノロジーにより支援することにより、わが国におけるリーガルサービスのさらなる進歩と普及を支え、法の礎を確固たるものとし、社会へ還元したいとの理想がある。

2　法務業務支援ソフトウェア LegalForce

(1)　LegalForceが尽くすべきもの

(i)　法務部門の理想像

LegalForceは、法務プロフェッショナルに特化したプロダクトであり、顧客は法務部門であり、法務部門に所属する個々の法務担当者である。したがって、LegalForceは、企業の法務部門、そして、ユーザーである個々の法務担当者に貢献しなければならない。

では、LegalForceは、顧客である法務部門、あるいは法務担当者の「何に」貢献すればよいのか。この問に答えるためには、LegalForceの顧客である法務部門、あるいは法務担当者が目指す「理想」を知らねばならない。

(ii)　法務部門の存在意義と役割の拡大

――法務部門は何のために存在し、どうあるべきなのか。

LegalForceが尽くすべき、理想の法務部門、あるいは法務担当者とは何か。これは企業ごとに異なると考えられるが、私たちは、LegalForceを開発する過程で法務部門の存在意義を定義することを試み、以下の仮説を設定し、私たちの製品開発のペルソナとしてきた。

私たちは、今も上記の問を自身に発し続けているが、一つ腹落ちしている答えは、法務部門は「法的リスクの統制による中長期的な企業価値の向上」を担う重要な役割を負っている、ということである。

法務部門の役割論には、様々な言説があるが、近時は「パートナー機能」及び「ガーディアン機能」、あるいは「攻めの法務」、「守りの法務」という形で語られることが多い。しかし、ここから一歩踏み込んで、「パートナー」「ガーディアン」あるいは「攻めの法務」「守りの法務」によって、法務部門が自社にどのような価値貢献をしているのかを突き詰めると、究極的には「法務リスクの統制」とこれによる「企業価値の維持・向上」に行き着くように思う。

例えば、「攻めの法務」の観点からは、単にリスクを指摘するだけではなく、より戦略的に意思決定を支援することが求められるが、法務部門として提供できる価値は、事業推進を支援しながらも法的リスクを統制することにある。また、「守りの法務」という観点からは、経営陣の暴走を阻止するなどの重要な役割があるが、これも究極的な機能としては、法的リスクを統制し企業価値の低下を防ぐことにある（**【図表１】**）。

これは、営業部門と比較すればわかりやすい。

営業部門は、直近の営業成績に対して責任を負う。したがって、多少不

【図表１】法務の存在意義は法務リスクの統制による企業価値の向上

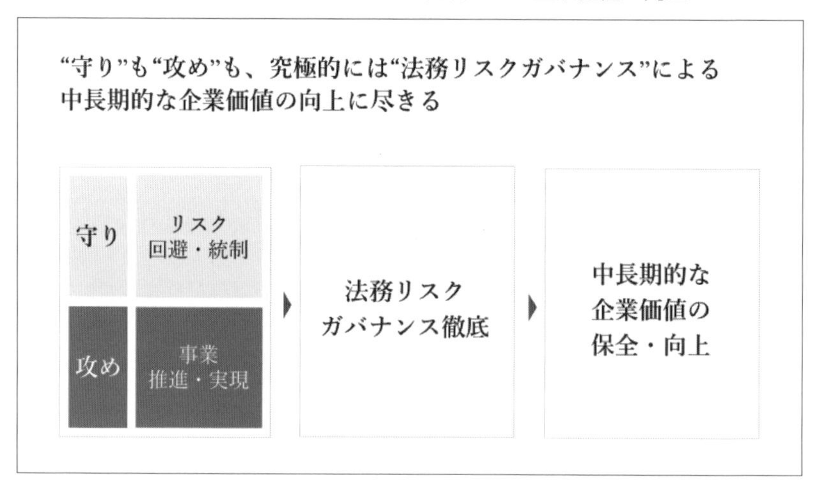

利な契約条件であっても早く受注し売上を立てたい、という利益構造が強く働く。

他方で、法務部門は、未来の企業価値の維持向上に対して責任を負う。したがって、法的リスクを統制し、将来不測の損害を被らないよう、最新の注意をもって契約審査や法務事案に当たる必要がある。目先の売上のために早ければよい、というものではない（【図表2】）。

そして、「法的リスクを統制し、企業価値の中長期的な向上」を果たすために法務部門が負うべき業務範囲は極めて広い。例えば、定常的に発生する契約審査・交渉などの業務や、突発的に発生するM&A、紛争やコンプライアンス事案対応業務、が代表的である。さらに、グローバル化や情報化社会が進み、法規制の複雑性が増すにつれ、その守備範囲はより一層拡大傾向にある。事案によっては、人事部門やIT部門と連携し、ベンダーであるローファームを適切にコントロールしていく必要がある。

このように、法務部門は、伝統的な契約審査や紛争予防といった役割から、急速に役割を拡大している（【図表3】）。

これらの拡大するニーズに対して、法務部門は限られた人的リソースで応えてゆかなければならない。多くの場合、間接部門である法務組織は余

【図表2】法務部門と営業部門の契約に対する考え方の違い

中長期的なリスク予防のために、
契約書レビューには高い品質が要求される。

	ミッション	契約に対する考え方
営業	今期の売上目標達成	早く締結したい 時間を取られたくない
法務	リスクの統制による 企業価値の保全	漏れなく確認しなければならない 有利な条件を勝ち取りたい

【図表３】法務の役割は急速に拡大している

日本企業の競争・規制環境の変化の中、
法務部門には新たな役割が期待されている

グローバル化 ▶
規制強化 ▶
イノベーション ▶

守りの法務
（リスクの回避・統制）
▶
攻めの法務
（事業の推進・実現）

参考：小島武司＝米田実市監修、経営法友会法務部門実態調査検討委員会編著『会社法務部【第11次】実態調査の分析報告（別冊 NBL No.160）』(2016)、経済産業省「国際競争力強化に向けた日本企業の法務機能の在り方研究会報告書」(2018)

剰人員を抱えないような人員計画を設定することが通常であり、日常的な契約審査及び相談業務に対応できる最低限の人員構成になっていることが多い。

そのため、突発的なM&Aやコンプライアンス対応などが発生した場合には、法務部門は業務過多の状態に陥る。また、コンプライアンスの徹底のためには、コンプライアンス事案発生前から社内教育や社内体制の整備が重要となり、法務の果たすべき役割は大きいが、これに対応できる十分なリソースがないことも多い。

法務部門は、複雑化・グローバル化する取引社会において、法的リスクを統制し、企業価値の中長期的向上を担うことが期待され、近年その責任範囲が急速に拡張しているが、限られたリソースで対応することを余儀なくされており、十分に手が回っていないと言える。

(iii)　LegalForceが尽くすべきもの

近年、法務部門の役割は急速に拡大し、大きな期待に限られたリソースで応えている。

私たちは、法務部門が時代の要請に応え、「法的リスクの統制による中長期的な企業価値の向上」を担う重要な部門として機能し、個々の法務担当者が今後のビジネスをリードしてゆくリーダーとなってゆくことを一つの理想と定義する。

LegalForce は、この理想に尽くしたい。

(2) LegalForce の開発チーム

(i) LegalForce のミッション

LegalForce は、「プロフェッショナルに、驚きと感動を。」をコーポレートミッションとして掲げている。これまで、テクノロジーによる支援が行き届いていなかった法務に携わる方に、あっと驚くようなプロダクトを届け、法務業務をテクノロジーで支えることで、快適にクオリティの高い仕事ができる環境を提供したい。

このように、LegalForce は、法務部門に特化した優れた業務支援ソフトウェアを開発・提供することをミッションとしており、LegalForce の組織もこのミッションを実現すべく最適化している。

LegalForce では、研究開発部門（Research & Development）、製品開発部門（Design & Development）、法務開発部門（Practice & Development）の各チームが共同して製品開発にあたる。そして、セールスチームによってプロダクトがユーザーに届けられた後、カスタマーサクセスチームによって、ユーザーに対する手厚いフォローアップが提供される体制を整備している。

LegalForce のプロダクト開発とサービス提供は、これらのチームが有機的に連携することで可能となっている。以下に紹介したい。

(ii) 研究開発部門（Research & Development）

研究開発部門は、主に自然言語処理技術を用いた LegalForce のコア技術の研究開発を行う部門である。自然言語処理技術や機械学習等のコンピュータサイエンスを大学院等で専攻したメンバーから構成される。

研究開発部門では、LegalForce 独自の研究開発を進めながら、京都大学学術情報メディアセンター／情報学研究科知能情報学専攻兼担森信介教授、京都大学大学院情報学研究科通信情報システム専攻末永幸平准教授とともに、最先端の知見を法務領域に応用するための共同研究開発を実施している。

研究開発部門では、「契約書」に特化して自然言語処理技術の応用に取り組んでおり、汎用的なAIソリューションと比較して、契約書領域において高い精度を実現できており、技術的な優位性を築いている。

LegalForceには、ユーザー企業がLegalForceを利用する中で絶えずデータが集積されているが、これを機械学習等に供し、LegalForceにおけるレビュー精度の継続的な向上やLegalForceの新機能の開発に応用し、ユーザーに驚きと感動を届ける新機能を追求し続けている。

(iii)　製品開発部門（Design & Development）

製品開発部門は、エンジニア及びデザイナーから構成され、ユーザーの生の声と精緻なユーザー分析を踏まえたUX（ユーザーエクスペリエンス）設計及びUI（ユーザーインターフェース）デザインを踏まえた、セキュアかつ強固なプロダクト開発により、LegalForceのプロダクト開発全般を担っている。

LegalForceのプロダクトとしての完成度は、現時点では、理想状態と比較して３割程度である。常にユーザーからのフィードバックをいただきながら、プロダクトの改善を重ねている。

快適に挙動するLegalForceシステム、既存機能の絶えざる改善、定期的に追加される新機能、ユーザーにとって使い勝手の良いインターフェース。製品開発部門は、常にユーザーに最高の体験による驚きと感動を届けるべく、プロダクトの品質を追求し続けている。

(iv)　法務開発部門（Practice & Development）

法務開発部門は、LegalForceに搭載されている法務コンテンツ全般のディレクション及びLegalForceの精度維持向上を統括しており、弁護士資格保有者やパラリーガル、企業法務経験者から構成される。

LegalForceの顧客への提供価値のうち、大きなウェイトをLegalForceに搭載されている各種コンテンツが占める。例えば、LegalForceのレビュー機能を構成する「レビューポリシー」（チェックリストに相当）、「アラート文」、「参考条文例」やLegalForceライブラリに格納されている各種ひな型等である（**【図表４】【図表５】**）。

これらのコンテンツの作成は、必要に応じて外部の法律事務所（法律事

【図表 4】LegalForce ポリシー制御画面

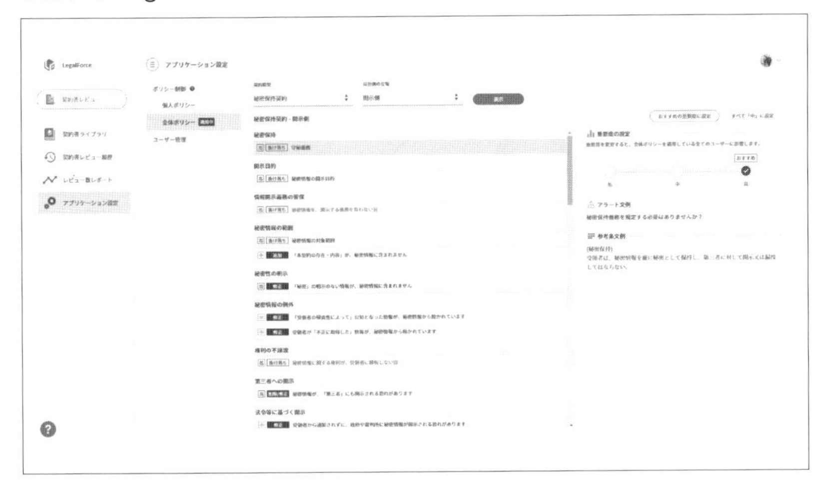

【図表 5】LegalForce ひな型提供画面

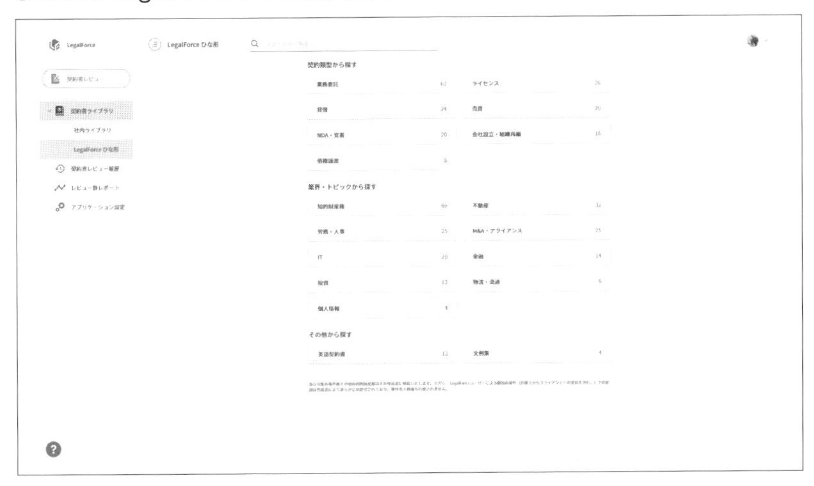

務所 ZeLo・外国法共同事業）に一部作成を委託しつつ、LegalForce の法務開発チームにおいてディレクションを行っている。特に、法令や実務慣行は常に変化し続けるため、LegalForce のレビューポリシーやひな型については、実務に耐え得る価値を提供するため、常に最新の法改正や実務慣

行をキャッチアップし、メンテナンスしておく必要がある。

LegalForceでは、弁護士資格保有者が法務開発に専念することにより、法改正動向を常にキャッチアップしながら、製品のクオリティを維持している。

(v) カスタマーサクセス

さらに、LegalForceには、実際にLegalForceを導入いただいた顧客の成功にコミットするため、カスタマーサクセス部門を設置している。

カスタマーサクセスとは、顧客の成功に対する責任を意味し[3]、LegalForceのようなサブスクリプション型のサービスにおいて極めて重要な機能である。サブスクリプション型のサービスにおいては、買い切り型の製品と異なり、顧客は、解約しようと思えばいつでも解約し、他の競合製品に乗り換えることができる。したがって、サブスクリプション型のサービスを提供する事業者は、顧客に販売してからがむしろ顧客との関係性の始まりであり、導入後に顧客のサクセス＝成功にいかにコミットできるかが重要となる。

特に、LegalForceのような既存の類似プロダクトが存在しない製品の場合、顧客には「リーガルテックを使って法務業務を行う」というカルチャーがそもそも存在しない。LegalForceのカスタマーサクセスは、顧客に、法務業務はリーガルテックを駆使することで、より高いクオリティと生産性の向上を両立できるという驚きと感動を届け、「法務部はリーガルテックを駆使するものだ」というカルチャーを醸成していく営みである。

また、カスタマーサクセスチームは、LegalForceのユーザーからリアルなフィードバックをリアルタイムで受け取り、研究開発部門及び製品開発部門にフィードバックし、LegalForceが顧客にとってよりよい製品になるよう尽力する。

LegalForceのカスタマーサクセスは常に顧客の成功のことだけを考え、顧客の成功にコミットする。それは、LegalForceが支えたい理想の法務

3）ニック・メータ他『カスタマーサクセス――サブスクリプション時代に求められる「顧客の成功」10の原則』（英治出版、2018）参照。

部門へと顧客が近づいていく過程を全力で支えるものである。

(vi)　まとめ

このように、LegalForce は、各チームが有機的に協働することにより、クオリティの高い製品を追求し、高いサービスレベルをもってユーザーに届けることを目指している。まだまだ至らない点ばかりであるが、今後も、「顧客の成功」を必達とし、サービスレベルを追求し、「プロフェッショナルに、驚きと感動を」届けてゆきたい。

(3)　法務部門特化型ソフトウェアとしての LegalForce の開発思想

(i)　法務実務は“職人芸 (Craftwork)”から“工学 (Engineering)”へ

これまでの法務実務は、多分に“職人芸（Craftwork）”によって提供されてきた。その特徴は、「熟練」、「個別性」、「卓越性」であり、一人一人の個別の経験に依拠し（熟練）、一点物の作品（work）の制作にこだわり（個別性）、作品としての出来栄えを最重視し工数を惜しまず最高の品質を実現する（卓越性）点にある。これらは、弁護士は10年目でようやく半人前、書籍はすべて自分で原典に当たり一から調べることで力がつく、法務の技能は実践でのみ身につく、といった価値観に表れている。

もちろん、これらの“職人芸（Craftwork）”としての側面には優れた面がたくさんある。特に、個別性及び複雑性の高い案件について、最高のクオリティを追求するという点において優れている。

しかし、定型的で、定常的かつ大量に発生し、安定的な品質をもってスピーディに対応するべき業務においては、属人的な技量に依存することによるクオリティのムラや個々人の能力差による生産性の差異、あるいはコンディションによるパフォーマンスの変動等の弊害が顕在化する。

そこで、LegalForce では、法務実務に“工学（Engineering）”の発想を取り入れ、これらの課題に対する解決を提示したい。過去、様々な産業において工業化が進んできた。“工学（Engineering）”においては、“職人芸（Craftwork）”において重視される「熟練」、「個別性」、「卓越性」に対して、「精度」、「再現性」、「実用性」へのパラダイムシフトが求められる。今後の法務においても、工業化可能な領域、特に定常的かつ大量に発生し安定的な品質をもってスピーディに対応するべき契約審査においては、“工学（Engineering）”の発想を取り入れ、標準に対する充足率で評価すること（精度）、統一基準で製品（product）を設計すること（再現性）、QCD（品質・コスト・納期）の全体で顧客に最高の価値をもたらすこと（実用性）が重要となる。

【法務実務は“職人芸（Craftwork）”から“工学（Engineering）”へ】

	職人芸（Craftwork）	工学（Engineering）
品質担保に対する考え方	熟練性 ＝一人一人の個別の経験に依拠	精度 ＝標準に対する充足率で評価
生産性に対する考え方	個別性 ＝一点物の作品（work）の制作	再現性 ＝統一基準で製品（product）を設計
顧客提供価値に対する考え方	卓越性 ＝作品としての出来栄えを最重視。工数を惜しまず最高の品質を実現	実用性 ＝QCD（品質・コスト・納期）の全体で、顧客に最高の価値をもたらす

このように、LegalForceは、法務実務の“職人芸（Craftwork）”から“工学（Engineering）”への移行を、ソフトウェア技術、自然言語処理技術及び法務知見をもって支援するプロダクトである。LegalForceの導入により、法務部は、“工学（Engineering）”による処理になじむ、定型的な契約書審査業務等をより早く、より高いクオリティで行うことが可能となる。

特に定型的な契約審査業務は、事業を停滞させることなくタイムリーに処理する必要があり、緊急度が高く、“工学（Engineering）”的処理になじむ。他方で、法務部門には、コンプライアンス対応や不祥事案の発生を未然に防ぐための、緊急度は高くないものの重要性の高い業務が多くあり、本来時間を割くべきこれらの業務に如何なく“職人芸（Craftwork）”的技能を発揮することが可能となる。

(ii)　共に成長を目指す、パートナー

LegalForceは開発初期に協力をいただいたプロダクトパートナー企業の法務部門の方の多大なる協力により、誕生した。試作段階から何度もプロダクトに対するフィードバックをいただきながら、改善を重ねることで、少しずつ実務に耐え得るプロダクトへと成長してきた。

このように、LegalForceは法務プロフェッショナルと共に成長してきたが、より複雑さを増す企業法務実務においては、法務プロフェッショナル自身も常に成長を求められる。

LegalForceは、法務プロフェッショナル向けのプロダクトとして、法務プロフェッショナルであるユーザーの成長に寄り添い、共に成長してゆきたい。

(iii)　次世代型のソリューションを提供

法務部門に最強の武器を届けたい。名実ともに、法務部門向けに最先端のテクノロジーを届け、LegalForceを導入すれば、法務部門は他のいずれの部門と比較しても、極めて高いパフォーマンスを実現でき、その存在意義を存分に発揮できるという状態を、LegalForceは目指している。その根底には、私の原体験に由来する、日本の企業法務を支えている一人一人がストレスなく、快適に、最高のパフォーマンスを発揮できる環境を提供したい、という思いがある。最先端の自然言語処理技術の応用、法的文書を理解した上での緻密な分析、常に進化し続ける精度と機能、これらは、すべて上記の理念に基づき実装され、提供される。現行LegalForceは上記の理想に照らし、まだまだ十分とはいえない。先に述べたとおり、完成度は3割くらいである。

しかし、LegalForceは産学連携による高度な言語処理技術、優秀なエンジニア及びデザイナーからなる高度なプロダクト開発技術、企業法務及び弁護士としての実務経験、をそれぞれ有するチームが、日々、試行錯誤しながら開発している。また、LegalForce上にデータが集積してゆくことにより、機械学習技術などを用いた様々な機能開発が可能となり、より高度な業務補助が可能となる。

例えば、誤字脱字のチェック、参照関係の取得など、今はまだ実現して

いない汎用的で高度な機能が今後搭載されていくであろう。

LegalForceは、最先端の技術を駆使し、次世代型のソリューションを提供し続けてゆく。

ⅳ　進化し続ける法務インフラ

——*最新のプラクティスと技術動向を絶えず反映*
——*絶えずメンテナンスされるコンテンツ*
——*利用顧客が増えるほどに向上・改善してゆく精度*
——*絶えず追加される新機能*

法務部門に特化したAIソリューションは、クラウドサービスによって提供されることになじむ。

買い切り型のAIソリューションでは、買った時点で製品の性能自体が固定され、その後技術が進歩したとしてもシステムは古いままであるし、機能も買った時点のままである。また、AIは蓄積データによる精度向上のためのメンテナンスが非常に重要である。買い切り型のシステムではこのメンテナンスのために担当者を置く必要があるが、法務部門にメンテナンスのために担当者を置く余力はないことが通常である。

さらに、法務業務は、多くの法令、書籍、論文、実務慣行によって支えられており、これらは常に変化している。時代の変化の激しい現代においては、常に最新の法情報にアクセスできることが求められる。LegalForceはコンテンツをクラウドサービスとして提供し、かつ、社内にコンテンツ専属の弁護士を置くことにより、常に最新の情報をキャッチアップし、コンテンツをメンテナンスしている。

LegalForceは、法務部門に特化したAI搭載型のソフトウェアをクラウドサービスで提供し、法務開発部門、製品開発部門、研究開発部門が協働することにより、絶えず製品をアップデートし、企業法務実務の面においても、技術面においても、最先端の状態でユーザーへ届け続ける。

このように、LegalForceは技術の進歩、あるいは蓄積してゆくデータによって進化し続け、法務部門を支えるインフラとなってゆく。

⑷　プロダクトとしてのLegalForce

(i)　自然言語処理技術の現在地

リーガルテックを考えるときに、避けては通れないのがいわゆる人工知能（artificial intelligence：AI）である。

法律分野においては、多くの業務は言語を用いて行われるため、特に言語処理領域における技術進歩が重要な意味をもつ。

この分野では日夜研究が進められているが、言語処理学会における研究発表においてすら、まだまだ特定領域に関する研究にとどまり、かつその技術ですら発展途上である。法務プロフェッショナルが提供しているリーガルサービスは非常に高度かつ複雑であり、これを正確に補助するだけでも、リーガルテックサービスの提供者には非常に高いサービスレベルが要求される。「きわめて高度な、人間を代替するような能力をもったAI」が法律分野において登場するのは、未だ当分先の話であり、こういった人間を代替するAIを現時点で議論することは現実的ではない。

もっとも、欧米の例をみるまでもなく、国内における言語処理技術の進歩および法律分野を素材とする研究発表の増加からも明らかなように、今後、法律分野における自然言語処理に関する研究も進んでゆくと考えられる。

LegalForceでは、自然言語処理技術の現在の到達点を踏まえた上で、契約書領域に特化して研究開発を行っている。そのうちのいくつかは既にLegalForceの製品に搭載しているし、論文発表を見据えた応用的な研究開発プロジェクトも複数進行している。

LegalForceは、今後も、京都大学との共同研究を通じて、法律分野にかかわる自然言語処理技術の進歩に貢献してゆく。

(ii)　ナレッジマネジメント機能

ア　情報共有上の課題

法務業務は、「個人の知識及び経験」をベースとし、必要に応じて「組織の知識」及び「社外の知見」を組み合わせてクオリティを担保している。

もっとも、「組織の知識」や「社外の知見」をうまく活用することは難しい。特に自身が担当していない案件では、リサーチの端緒を得ることすら難しく、必然的に「個人の知識及び経験」をベースとした業務になりがちである。「組織の知識」を有効活用することができれば、規模の大きな法務部門の契約審査の質及びスピードは大幅に向上するはずである。特に、ジョブローテーション制を採用している企業や法務担当者の流動性が高まる昨今の状況においては、情報の集積、共有、有効活用は、法務機能を維持強化するうえで極めて重要である。

もちろん、これらの点を解決するため、これまでも多くの工夫がなされてきた。知見を相互に補完する勉強会等における情報共有、社内システムを活用したデータベースの構築や正確な法的知見を入手するためのセミナーへの参加、等である。

しかし、情報を集積し、共有し、有効活用すること自体は、当該案件の解決に直接的に寄与するわけではなく、担当者にプラスオンの負荷をもたらす。生産性向上のためのナレッジマネジメントシステムがかえって業務量を増やし、生産性を下げる、という事態がもたらされてしまう。また、情報の「集積」及び「共有」に主軸を置いたソフトウェアは多くあるが、法務プロフェッショナルによる「有効活用」を主軸に置いたソフトウェアは少ないのが現状である。

イ　LegalForceによる解決

LegalForceのナレッジマネジメントシステムは、情報共有・集積のための担当者の負荷を最小限におさえつつ、流れるようなナレッジマネジメントを実現することを理想とする。

これまで通りの動線でレビュー業務を行い、その過程で「契約審査の質と時間」を効率化するためにLegalForceを活用してさえいれば、自然とナレッジマネジメントが実現される、という世界感である。

実際、LegalForceでは、ユーザーがLegalForceを利用するなかで、自然に法務部門に特化したデータベースが構築され、共有される仕組みを提供している。ちなみに、容量は無制限である。そして、蓄積・共有されたデータベースにおいては以下のようなことが可能となる。

①　アップロードするだけで契約書ドラフトデータが整理される「社内ライブラリ」

社内ライブラリ上に契約書データを集積していくと、「契約書タイトル」「当事者名」等を自動抽出し、当該契約書のファイルに情報が自動的にタグ付けされる。これにより、ファイル検索時にこれらの情報を有効活用可能となる。

LegalForceユーザーは、LegalForceに契約書データをアップロードするだけで、情報の整理がなされるため、取引先や類型ごとにフォルダを作成して管理するといった煩雑な手間が不要となる。

②　条文単位での検索／言語横断検索が可能な「条文検索」

社内ライブラリ上のデータから「条文検索」機能が利用可能である。これまで、「損害賠償条項を調べたい」といった場合には、いろいろな契約書ファイルを開いて損害賠償条項を確認していく必要があったが、「損害賠償」とキーワードを入力するだけで、様々な契約書の損害賠償条項を一覧表示できる。

また、条文検索機能は、日本語を入力することで、該当する英文契約書の条項を検索できるという機能を搭載している。これにより、例えば、「損害賠償」と入力し、言語を「English」と指定すると、社内ライブラリに格納されている英文契約書から「indemnity」といった条項が検索できる（**【図表6】**）。

さらに、これらの条文検索結果は、①の「社内ライブラリ」機能により自動的にタグ付けされている「当事者」情報や「契約書」タイトルで絞り込み、必要な情報へのリーチタイムを圧縮できる。

③　社内ライブラリの中から類似契約書を瞬時に抽出する「類似契約書サジェスト」

レビュー対象の契約書データ（Wordファイル／PDFファイル）をLegalForce上にアップロードすることにより社内ライブラリの膨大なデータベースの中から、レビュー対象の契約書と類似する契約書を瞬時に特定し、参考情報として自動的にサジェストする。

ユーザーは、サジェストされた契約書からワンクリックで比較し、変更箇所を確認できる（**【図表7】**）。

【図表６】LegalForce 条文検索機能

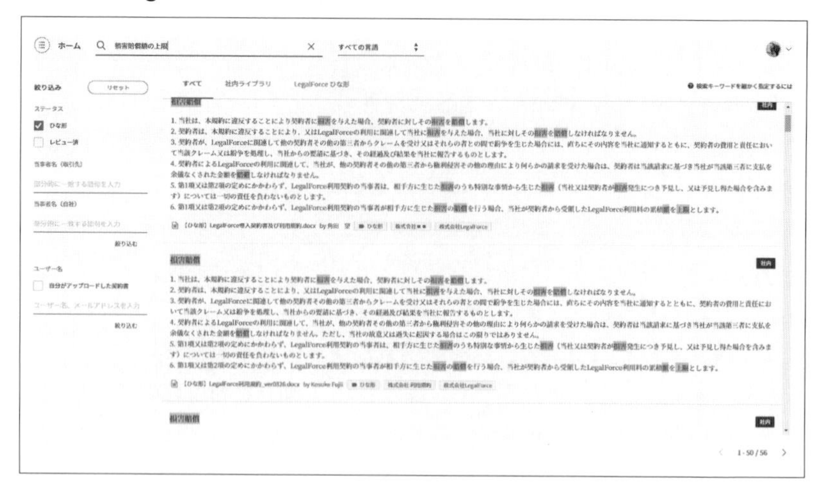

【図表７】LegalForce 類似契約書サジェスト機能

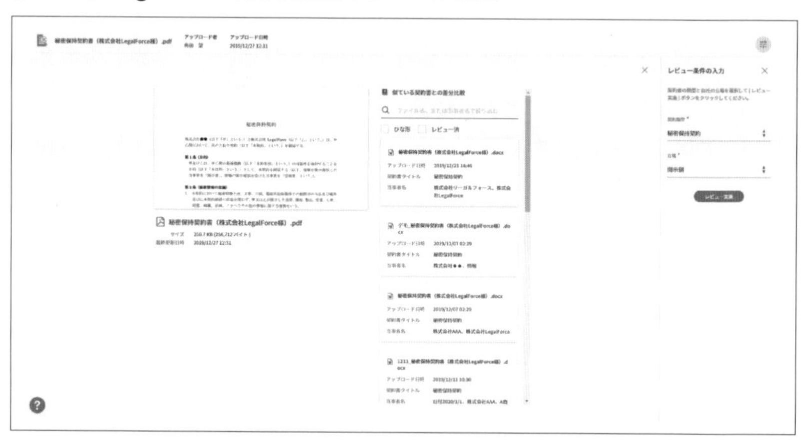

これにより、ほかの担当者が過去に担当した案件であっても、容易に類似案件に気付くことができ、かつ、瞬時に比較できる。レビュー対象の契約書が、過去に自社メンバーがレビューした契約書とほぼ同じであれば、変更箇所を重点的にレビューしてゆく、といったメリハリをつけたレビューが可能になる。自己の記憶だけでは、他のメンバーが担当した類似

案件の存在に気付くことはむずかしいが、LegalForceはこれを可能とする。いわば記憶の拡張である。

類似契約書サジェスト機能はPDF（画像も可）の契約書においても可能であり、PDFの契約書をWordファイルと比較することも可能である（【図表8】）。

ウ　ナレッジマネジメントの今後

私たちが考える理想のナレッジマネジメントとは、先に述べたとおり、担当者のナレッジマネジメントのための業務負荷を極限までゼロに近づけながらも、全情報が一カ所に集積、共有され、簡単かつ快適に有効活用できるというものである。

そのためには、実際の法務実務に対する深い理解のもとに、より理想的な業務フローを設計し、使いやすいソフトウェアに落とし込むこと、さらには、言語処理の知見も駆使し、優れた検索システムを構築してゆくことが必要である。

LegalForceは、顧客とユーザーのリアルなフィードバックを最も大切にしながら、強力な開発体制で理想を実現してゆく。

【図表8】LegalForce類似契約書比較機能（PDF）

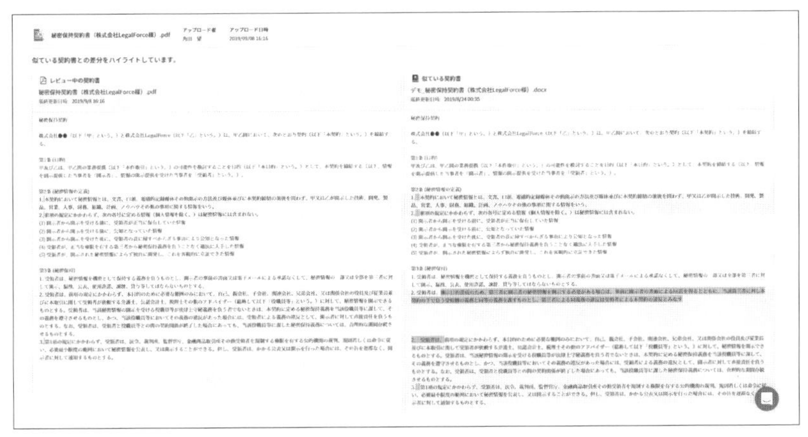

(iii)　レビュー支援機能

ア　契約審査の目的と要件

契約審査の究極的な目的は、事業スピードを損なうことなく、契約書上に潜むリスクを検出し、契約交渉を通じて取引実態を踏まえた妥当な権利義務を形成することにより、当該リスクを統制し、もって将来の紛争を予防または紛争顕在化時に有利に解決し、企業価値の向上に寄与することである。

この目的を達成するためには、契約審査における高い品質とスピードが要求されるが、これらを両立するためには、①深い事業理解、②深い法的知見、③適切な判断能力、④取引先を説得し妥当な結論を導く交渉力、⑤契約書上の不備を見逃さず正確に権利義務を表現できる精緻さ、が要求される。

そして、契約にまつわる法理は、民商法上の基本原則に加え、各典型契約に特有の法理、下請法、不正競争防止法及び消費者法などの法令、業界ごとの業法やガイドライン、さらには裁判例や業界慣習まで極めて多岐にわたる。また、実務上、契約類型に応じて培われてきたプラクティスがあり、それを踏まえている必要がある。

これらの正確な法的理解を身に着け、さらには個別の案件における妥当な解決を導く能力を体得するには長い年月を要する。そのため、契約審査において、質及びスピードの両面において高いパフォーマンスを発揮するためには、長年にわたる修練が必要であった。かつ、仮に修練を積んだとしても、精緻に契約書をレビューするためには、時間をかけて読み込み、複数回読み返す、といったことをする必要がある。また、当該契約類型において押さえるべき論点を網羅的にチェックするためには、網羅的な論点体系が正確に記憶されている場合は別として、チェックリストや過去事例等を参照しながら順次突合していかないと難しい。特に、当該契約類型において通常おさえておくべき条項が漏れていないか、といった「抜け落ち」のチェックについては、これが強くあてはまる。

イ　契約書レビューの効率化は難しい

―― LegalForceが代わりに契約書をチェックしてくれて、完全に手離れさせたい。

私が、LegalForceの説明をするたびに、多くの方からこのような要望をいただいた。しかし、残念ながらLegalForceはそのレベルまで至っていない。恐らく、将来においても、「人が一切読まなくてよくなる」というレベルには到達しない（もちろん、ある程度の見落としは許容しリスクテイクする、と割り切ることができれば別である。）。

では、なぜLegalForceのレビュー機能を利用する必要があるのか。それは、多くの場合、現在提供されている契約書レビューには、質または時間の面において課題または改善余地があるからである。

契約書レビューの品質とは、以下の契約書レビュープロセスにおいて高いクオリティを維持することにより実現される。

① 必要に応じて事業部とコミュニケーションをとり、正確な事業背景を理解し、

② 相手方書式に潜む一般的法的論点を漏れなく抽出し、

③ 当該事案に特有の論点を漏れなく抽出し、

④ 当該論点についての対応策を決定し、

⑤ 交渉または修正提案として相手方に提示・説得し、

⑥ 権利義務として契約書に正確に反映する。

法務担当者や弁護士は、これら一連のプロセスを自己の経験に基づき混然一体として行っている。しかし、人間の行う業務である以上、全プロセスを完璧にこなすことは困難である。コンディションが悪かったり、時間が限られていたりする場合にはなおさらである。しかも、経験によってこれらの完成度には大きな開きが生じる。現に、弁護士複数名を集めてきて、同じ契約書ドラフトを用意し、同じ時間で問題点の指摘をしてもらうと、指摘するコメントは担当者ごとに大きく異なり、経験年数と指摘の正確性には強い相関性が認められた（**【図表９】**）。

契約書は、その性質上、その内容が紛争等で問題になることは少なく、

【図表９】契約書レビューの品質を維持することは難しい

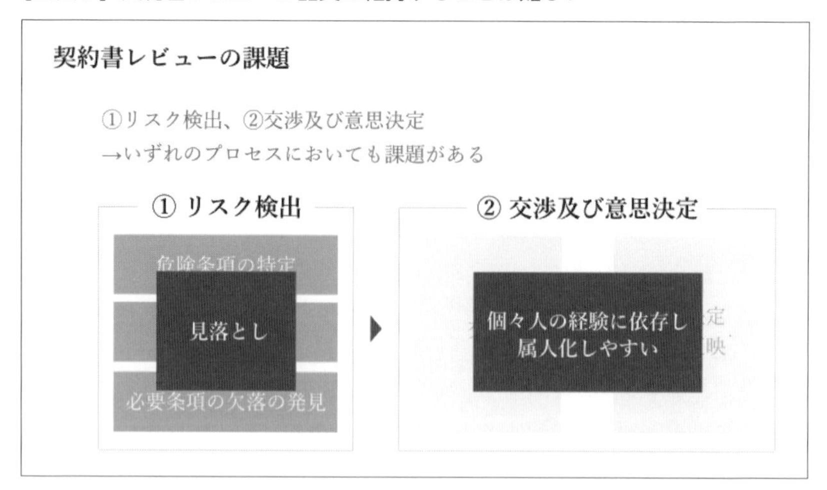

かつ問題が顕在化するのが数年後であったりする。そのため、問題顕在化時点では、担当者が既に交代している、ということもありえる。

しかし、ひとたび問題が顕在化すると、契約書の不備により契約交渉上不利になり、不本意な譲歩を余儀なくされ、あるいは紛争が訴訟に発展し敗訴する、ということが生じえる。そして、そのような事態に発展すると、企業に多大なる損害を与える。私も弁護士としての短いキャリアの中で、契約書の不備ゆえに紛争時に思うように解決できない、という経験を多くしてきた。契約書レビューは、日常的定常的に発生する業務でありながら、極めて重要であり、高度なスキルが要求されてきたゆえんである。

昨今、法務部門の所管業務の拡大と働き方改革の潮流により、日常的定常的な契約書審査に時間をかけるべきではなく、コンプライアンス対応や制度設計等の経営意思決定を支援する業務に力点を置くべきだ、との考え方が急速に広まっている。これ自体、日本企業の置かれたグローバル環境に鑑みるに極めて望ましい流れである。

しかし、契約書レビューは元来、スピードと品質を同時に実現することが非常に難しい業務である。契約書中の問題点を漏れなく検出し、丁寧に相手方を説得し、かつ、正確に修正し、権利義務に落とし込んでゆく、という業務を1件1件丁寧に行うことは非常な時間を要する。他方で、そもそも契約書中の問題点に気付かなければ、契約書のレビューはすぐ終わる。法務部門が、表面的な生産性向上を重視するあまり、1件1件の契約審査が雑になることは、これまで法務部門が守ってきたものを捨てることを意味するのであり、あってはならない。

法務部門の生産性向上を叫ぶとき、それは、品質を維持向上させながら、パフォーマンスを向上させることでなければならない。

ウ　LegalForce のレビュー機能は、より短時間で高品質のレビューを実現するための機能

私たちは、法務部門を巡る近時の潮流について、法務部門がより強くその本領を発揮することに強く賛同する一方で、同時に、これまでの伝統的な法務部門が大切にしてきた1件1件の契約書レビューのクオリティの追求を大切にし、あるいは向上させていってほしいと考えている。LegalForce はこのような設計思想に基づいて開発されている。

LegalForce のレビュー機能は上記**イ**で掲げた契約書レビュープロセスのうち、特に、②及び⑤を支援する。

LegalForce は、弁護士監修のもと、文献や実際の契約書のサンプルをもとに、契約類型ごとに確認しておくべき法的論点について網羅的体系的な論点リストを構築し、各論点に紐づける形でアラート文及び参考条文例を搭載している。この論点リスト自体が、各契約類型について体系的に整理されたコンテンツとしての価値があるものであるが、LegalForce の技術的な優位性は、その自然言語処理技術とノウハウにより、当該論点リストに該当するか否かを瞬時に識別し、高い精度で表示することができる点にある。

例えば、ソフトウェア開発委託契約では、LegalForce は委託側で約160点の論点をカバーしているが、これらすべての論点との突合を数秒で完了させ、問題点及び参考条文例を表示する。仮に、人が160点の論点について契約書と突合し、一つ一つチェックをかけ、理想的な条文例を参照した場合、恐らく数時間は要する。LegalForce ではこれが数秒で完了するのである。しかも、論点は各社のニーズやポリシーに応じてカスタマイズ可能である（**【図表10】**）。

【図表10】LegalForce レビュー結果画面

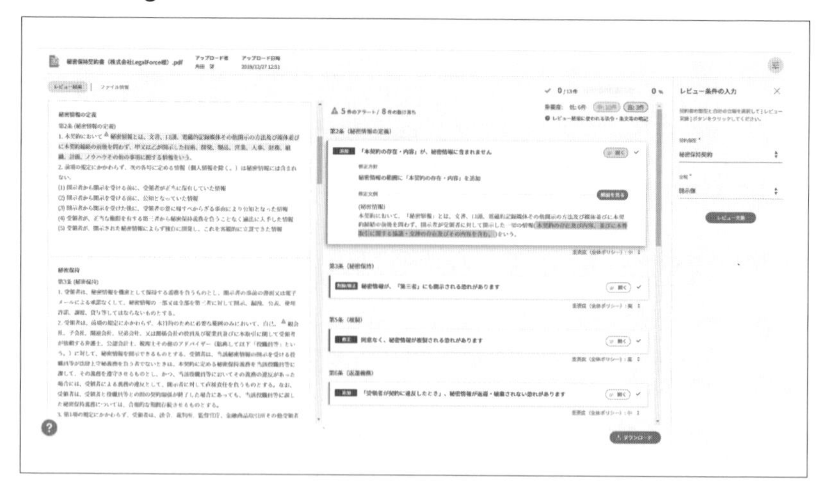

もちろん、LegalForceのレビュー機能はあくまでも補助機能であるから、抽出された論点をどのように処理し、あるいは契約書に反映させるかは担当者の判断にゆだねられる。

しかし、これまでの契約書レビューのプロセスは、法的問題点を探し、かつ適切な修正案を作成するプロセスに多くの時間が割かれており、背景となる個別の案件理解に基づくきめ細かな調整や相手方の説得に充てる時間が十分になかったように思う。LegalForceを活用することで、網羅的な法的論点との突合や参考条文例の参照といったコンピュータ処理になじむ業務をLegalForceにゆだね、人でなければできない、個別事案を踏まえた対応や意思決定、あるいは相手方の説得といった業務にリソースを投入できるようになる。

これにより、より少ない時間、あるいは同じ時間でよりクオリティの高いレビューを実現可能となる。

LegalForceのレビュー機能は、残念ながら人の業務を完全に代替するものではない。しかし、AI・コンピュータが得意とする領域に属す業務においてLegalForceを活用し、意思決定や判断といったより高度な業務にシフトすることにより、契約書レビューの生産性は質・時間の両面において飛躍的に向上する。

ⅳ　チームマネジメント機能

法務部門における業務負荷やクオリティの可視化には大きな課題がある。

法務部門は、案件受付システムを導入していない例も多く、多くの場合、個々の担当者がメールや社内チャットで相談依頼を受け付け、必要に応じてマネージャー層のチェックを受けながら個別に対応する。

このスタイルは、個別の案件処理の効率性を追求したスタイルであり、担当者は本来業務である依頼部門への対応に注力できるためストレスは小さい。しかし、その反面として、部門長は、誰がどのような案件を抱えているか、パフォーマンスが維持されているか、といった点をタイムリーに把握しがたいというデメリットがある。

この点、社内システム等により案件管理をしていれば数値は取得可能であるが、案件管理システムは往々にして管理するための業務を発生させ、結果として現場の担当者のストレスとなり生産性を低下させる。

そこで、LegalForceは、担当者がLegalForceのレビュー機能や比較機能を利用するだけで、自動的に、一定の期間内に誰がどのような類型の契約書をどのくらいレビューしたかを集計し可視化する仕組みを採用している。また、同時に、「部門全体として月別にどのような契約書がどのくらいレビューされているか」を集計し可視化する（**【図表11】**）。

これにより、担当者間の案件の偏りや繁忙状況が客観的に把握可能となり、チームマネジメントに活かすことができる。将来的には、レビュー支援機能と組み合わせることにより、クオリティのマネジメントにも活かせるかもしれない。

LegalForceでは、今後も現場の担当者のストレスや業務負荷をなるべくかけずにチームマネジメントが可能となる仕組みを提案していきたい。

⑸　法務の未来とLegalForceの今後

法務部門は、今大きな変革の中にある。

従来、法務担当者は、個々人の経験と知識をベースに職人芸的に業務を行い、かつ、技能の習得に長期間を要した。そこに、法務部門に特化した

【図表11】LegalForce レビュー数レポート画面

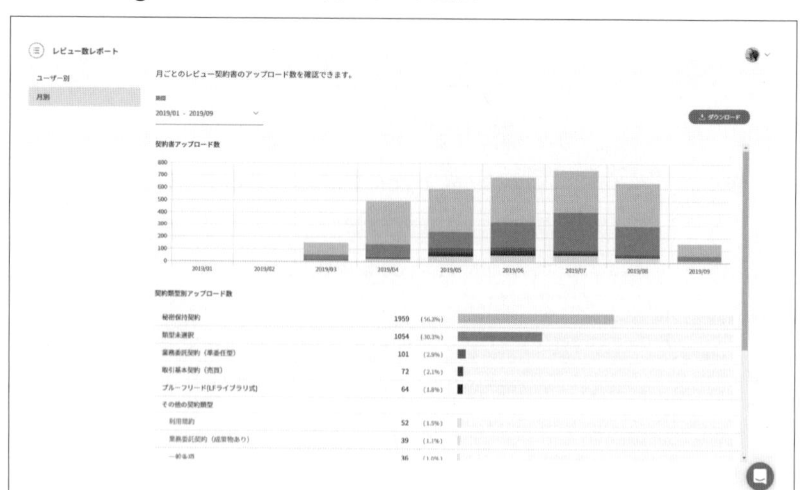

テクノロジーによる支援は皆無であった。

今、様々なリーガルテックソフトウェアが開発され、多くの製品がSaaS（Software as a Service）という形で、システム開発予算をもたない法務部門であっても１人から安価につかえるサービスとして提供されている。わが国におけるリーガルテックサービスはまだまだ緒についたばかりであるが、テクノロジーの進歩と欧米におけるリーガルテックサービスの発展をみていると、わが国においてもリーガルテックが今後普及していくことは想像に難くない。リーガルテックサービスの導入によって、法務部門のパフォーマンスが質及び時間の両面において向上する。結果として企業の法務力は向上し、企業価値の中長期的な向上により強固に貢献するようになる。

未来の法務部門は、リーガルテックを使いこなすことでリーガルサービスの品質を高め、高度なリーガルサービスを提供していくことで初期的には優位性を構成することが可能となる。長期的にはリーガルテックサービス導入の設計が法務部門のパフォーマンスを左右する時代がくるかもしれない。これはあたかもMicrosoft Wordや電子メール等が普及してきた歴史と同様である。

わが国の法務が世界から取り残されることなく、さらなる進歩を遂げて世の中に普及し、社会へと還元され、法の礎が確固たるものとなるためにも、実務に根ざしたリーガルテックサービスが確立してゆくことが重要である。

LegalForce は、私たちが理想と考えるプロダクトレベルには到底到達していない。レビュー精度向上、レビュー対応類型、多言語対応、バージョン管理機能、法令改正対応、誤字脱字のチェックなど、自然言語処理技術をはじめとするテクノロジーで可能なことはまだまだある。LegalForce は、常に顧客である法務部門の目線にたち、法務部門をサポートする製品としてまだまだ飛躍的な進歩を遂げる。

LegalForce は、これから来る、法務部門が自社に適したリーガルテックを選定し、武器のように使いこなす時代において、法務部門の最高の武器（Force）として、法務部門を強くサポートしていく存在でありたい。

Ⅱ　法律業務の効率化オンライン・ノウハウ・契約書ひな型サービス――Practical Law

トムソン・ロイター株式会社
法律ソリューションスペシャリスト　Tracy Greenwood

1　Practical Lawについて

トムソン・ロイター・ジャパンのPractical Lawは、法律の専門家を対象としたオンラインの法務ノウハウ・サービスである。「プラクティスノート」や「カレント・アウェアネス」、そして「スタンダードドキュメント」など、ピアレビュー（専門家による相互評価）を経たリソースを提供する同サービスを利用することで、弁護士は日常的な法律業務を効率化するとともに、より自信をもってクライアントに助言を与えられるだろう。Practical Lawが提供するリソースは、トップクラスの法律事務所や企業で実務経験を積んだ500人以上の弁護士で構成される編集チームによって作成、更新されている。既に米国では17万4千人を超える個人と、7,400以上の組織が同サービスを利用している。中小規模の法律事務所から大手の法律事務所、そして官公庁や一般企業にいたるまで、様々な組織に所属する弁護士、および実務家たちが日々の業務のなかでPractical Lawを活用している。Practical Lawを利用している法律事務所の96%が年間契約を毎年更新していることからも、同サービスが法律のプロフェッショナルたちから厚い信頼を勝ち得ていることがお分かりいただけるだろう（【図表12】）。

Practical Lawを開発したロバート・ダウとクリス・ミラーチップは、英国屈指の法律事務所として知られるスローター・アンド・メイ（Slaughter & May）の法人専門弁護士だった。2人は1990年に退職してPractical Law Company（PLC）を設立。会社設立の当初の目的は、英国の弁護士たちの日常業務をサポートするために法律専門誌PLC Magazineを発行することだった。商取引を専門とする英国の弁護士を対象として創刊された同誌は、企業法務を主に扱う弁護士を対象とする月刊誌として現在も発行されている。

PLC設立と時を同じくして、英国は深刻な不況に見舞われた。そこでダウとミラーチップは、契約書やレターのテンプレート、チェックリスト、標準条項、プラクティスノートなどを有料で提供するサブスクリプション方式のビジネスを立ち上げ、法律業務の効率化に役立つPLCの新ビジネスは瞬く間に愛用者を増やしていった。

その後、2013年にトムソン・ロイターがPLCを買収した。買収額は公表されていないが、4,800万英ポンド以上とされる収益に基づいた算定によると、PLCの買収額は2～3億英ポンド相当だったのではないかと言われている。

【図表12】Practical Law トップページ

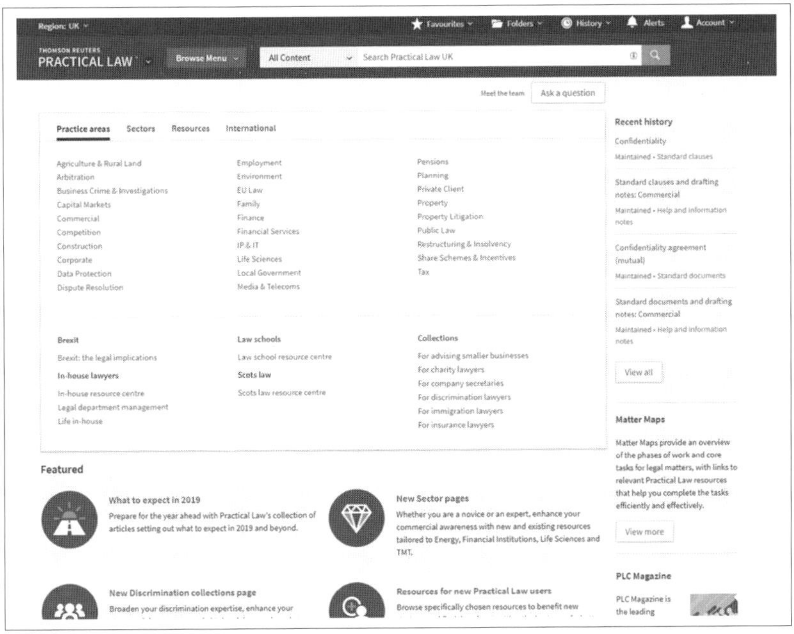

2　IT 化時代の到来とリーガルテック

リーガルテック（Legal Technology）とは、法律関連サービスを提供するために活用される情報技術のことである。従来、リーガルテックは法律事務の遂行を補助するために、法律事務所内で独自に開発されることが多かった。現に電子情報開示（e ディスカバリー）のプラットフォームや文書管理システム、業務管理システム、そして時間管理システムなどのリーガルテックは、手作業で行われていた業務を自動化するために法律事務所内で開発された。時代は変わり、近年ではテクノロジー系新興企業などがリーガルテックの開発に続々と進出している。法律事務の遂行に要する労力を大幅に軽減してくれるソフトウェア用のプラットフォームや、弁護士と依頼者のマッチングサイトなどを彼らが開発したことによって、リーガルテックはさらなる進化を遂げた。オンラインによるこのようなサービスは、かつて弁護士が提供していたサービスの一部に取って代わるものとなり始めているのだ。

3　時代のニーズ

今でこそ法律事務の現場で必需品となっている Practical Law だが、現在にいたるまでの道のりは決して平坦なものではなかった。前述した通り、同社が設立された1990年に英国は深刻な不況に陥った。Practical Law の開発者であるダウとミラーチップは大手法律事務所の弁護士という安定した職を捨てて起業したわけだが、言うまでもなく不況期は起業に適したタイミングではなかった。市場の縮小傾向が続くと、クライアントはより保守的になる。彼らは支出を抑え始め、新しい技術を試すことに難色を示すようになるのだ。Practical Law は2009年に米国でもサービスを開始したが、前年に発生したリーマン・ショックによって世界は1990年の不況時よりも深刻な金融危機に陥った。

弁護士を取り巻く状況も、この数年で大きく変わった。かつて、契約書などの法的文書を作成することができるようになるまでには、長年におよぶ経験と努力が必要だった。だがリーガルテックが進化した現在は、データベースからダウンロードした文書に多少の変更（契約当事者の氏名や法律の種類）を加えるだけで、新人弁護士のみならず法律事務の経験がない者も契約書を作成することができる。多くの場合、経験豊富な弁護士たちは現状維持を望み、リーガルテックを利用することに難色を示す。自分たちの専門知識は長年の努力によって得られたものであり、法律のノウハウを提供するサービスにお株を奪われるわけにはいかないと考える弁護士も少なくない。弁護士になるためには法律の勉強に何年もの月日を費やさなければならず、そのために個人的あるいは社会的な犠牲を払わざるを得ない。彼らは長時間をかけて勉強し続け、司法試験に向けて勉強している時は週末も休まない。「弁護士になる」という目標を達成するまでの道筋は、非常に険しく困難なのだ。

晴れて弁護士事務所入りを果たした後も、一層の困難を乗り越えなければパートナー弁護士に昇格することはできない。アソシエイト弁護士たちは、一流のロースクールを卒業した知的で勤勉な同僚たちとパートナーの座を賭けて競い合わなければならないのだ。午前２時に掛かってきた電話に対応したり、始業時間までにブリーフィングの準備を済ませたりする気がないアソシエイトは、そうする気がある同僚にたちまち追い抜かれてしまう。パートナーに昇格することができるのは、週に80時間も仕事に費やす日々を続けながら健康でいられる幸運なアソシエイトだけなのである。ロースクールの学生たちは、入学１週目の講義で経験豊富な弁護士から聞かされた「パートナーになれば、あなたの家族は素晴らしい生活を送ることができるでしょう」という言葉を信じて、ひたすら法律の勉強に励むことになる。

残念なことに、昨今のクライアントには、新人アソシエイトが法的文書を作成できるレベルに達するまで待っている余裕がない。多くのクライアントには時間も予算もなく、だからこそ現在の市場で法律ソリューション・サービスの需要が高まっているのだ。業界トップクラスの法律事務所を率いる優れたパートナー弁護士たちは、テクノロジーが法律事務所の効率化と収益性向上に役立つということに既に気づいている。

4　進化する法律事務の世界

テレックス機が開発されてからというもの、弁護士がより短い時間内に依頼を処理することをクライアントは望むようになった。その後ファクシミリが開発され、わずか数分で世界のどこへでも文書を送れる時代が到来した。電子メールの普及後はほんの数秒で文書ファイルを相手に送ることが可能になり、弁護士たちはパソコンのマウスをクリックするだけで複数の受取人にファイルを送信することができるようになった。また、クラウドサービスを利用すれば、複数の弁護士が共同で文書を作成し、クライアントからフィードバックを得ることも可能だ。トムソン・ロイターが提供しているサービスContract Expressを利用すれば、当事者同士がオンラインで契約交渉をしたり、契約に変更を加えたりすることができるほか、共有のオンラインプラットフォームで交渉の履歴を記録することもできる。

即時的なコミュニケーションが可能になったにもかかわらず、弁護士がクライアントとのコミュニケーションに費やす時間は以前より少なくなっている。弁護士がクライアントと対面で話し合うことや、電話で会話することはほとんどない。弁護士に期待されているのは、クライアントのビジネスを理解し、指示を受けずともクライアントのニーズを予測することなのだ。有益で正確なコンテンツを提供するPractical Lawを利用することにより、弁護士は必要な情報をすぐさま入手することを求めるクライアントのニーズに即座に応えることができるだろう。

5　経験豊富な弁護士チームが提供するコンテンツ

Practical Lawの編集チームは、一流の法律事務所や企業で経験を積んだ500名の専属弁護士で構成されている。彼らは世界各国の一流法律事務所をはじめとするコントリビューティング・ファームや社内の審議委員会と密に連携をとりながら、常に最新のコンテンツをユーザーに提供するべく力を尽くしている。

探しているコンテンツを見つけられない場合も、「Ask」機能を使えば何らかのソリューションを見つけられる。「Ask」はPractical Law編集チームに質問することができるサービスで、ユーザーが探している法情報や文書のひな型、特定の国の法制度など、Practical Lawに収録されているコンテンツに限らず、様々な問い合わせに対応している。日本国内のユーザーにとっては、西村あさひ法律事務所、アンダーソン・毛利・友常法律事務所、長島・大野・常松法律事務所、森・濱田松本法律事務所、渥美坂井法律事務所・外国法共同事業といった国内の大手法律事務所がコントリビューティング・ファームとして名を連ねていることも、Practical Lawを利用する利点の1つになっているだろう。

Practical Lawのコンテンツは、「各種商取引」、「企業法務（インハウス）」、「インターナショナル」、「ライフサイエンス」、「プライベート・クライアント」、「税務」、「紛争解決」など、広範な分野を網羅している。国際的な弁護士は、他国の国内法や複雑な問題などを迅速に理解するよう求められることが多い。東京の外資系企業に所属する弁護士であれば、海外の本社から日本の法律について質問されることもあるだろう。企業内弁護士は高い英語力と法律を使いこなす能力を持ち合わせているかもしれないが、日本の法律を英語で説明するのは苦手かもしれない。海外企業のエグゼクティブがもつ疑問に答えなければならない場合、日本の雇用法に関するPractical Lawの文書が役に立つだろう。

6　ドラフティングの効率化

契約書の作成には、習得に数年を要する専門的なスキルが必要となる。かつて、弁護士事務所に入ったばかりの新人アソシエイトは、彼らの上司であるパートナー弁護士から契約書の作り方をみっちり教えられた。だが、新人の教育に時間をかけられる時代は既に終わっている。前述したとおり、昨今の新人弁護士には経験豊富な指導者のもとで何年間も勉強する余裕などない。彼らは上司や先輩の指導をほとんど、あるいは全く受けることなく、専門的な文書を迅速に作成しなければならないのだ。現代の新人弁護士たちは、即戦力となることを期待されている。Practical Lawがあれば、実務経験が浅い新人たちも即戦力として活躍することができるだろう。

多様化する案件に対応するために、弁護士たちは専門分野外のリソースを自力で入手することも求められている。昨今の弁護士は、専門分野以外の業務もこなすことができなければならない。商取引に関する専門知識を買われて法律事務所に採用された企業内弁護士が、ある日突然、インターネットのプライバシーポリシーやセクシャル・ハラスメントに関するポリシーのドラフティングをすることになるかもしれないのだ。

Practical Lawを使えば、弁護士たちは作成に多大な手間がかかる文書のひな型を容易に探し出し、Word形式かPDFでその文書をダウンロードすることができる。Practical Lawのコンテンツは、すべて各分野の専門家によって作成されている。経験豊富な専門家によってドラフティングされた最新の文書は、自分の専門分野外の法律を研究する時間がない弁護士たちにとって極めて利用価値の高いツールになるだろう。

7　文書の標準化

法律事務所ではアソシエイト弁護士をいくつかのグループに分け、各グループを率いるパートナー弁護士がアソシエイトたちに仕事を教えることになっている。彼らは上席弁護士やパートナーの指導を受けて、一人前の弁護士へと成長するのだ。アソシエイトの教育は各パートナーに一任されているため、いつしか彼らは指導者であるパートナーと同じ様式の文書を作成するようになる。どのグループも一般的な法的文書を一通り作成するが、各グループが作成した文書にはかなりの違いがある。そのため、400～500人の弁護士を擁する大手法律事務所には、定型文書の統一フォーマットが存在しないことも多い。

経験豊富な弁護士が引退すると、法律事務所は彼らが長年の経験によって培った知識をすべて失ってしまう。この損失を避けるために、事務所側は引退するパートナー弁護士の豊富な知識と経験を共有化する方法を探している。その１つとして挙げられるのが、もっとも頻繁に使用する契約書を標準化するという方法だ。だが、この方法には難点がある。事務所側が文書を標準化すると決めた途端に、有力なパートナーたちは「私が作成した文書こそがひな型とするにふさわしい」と口々に主張し始めるに違いない。そうなると今度は、ひな型にふさわしい文書を選ぶためのニュートラルな判断基準が必要となるが、判断基準を決めるのも容易なことではない。Practical Law が提供する標準条項と契約書は市場の中立的な基準に則しており、そのまま使うこともカスタマイズすることもできる。

文書の標準化は、業務上のミスを防止するうえでも大いに役立つ。例えば巨額の取引になるかもしれない企業買収（M&A）の案件を扱う場合、弁護士が作成する契約書などにミスがあれば大変なことになる。テクノロジーのおかげで巨額の取引をスピーディーに進めることができるようになった一方で、取引に必要な契約書はどんどん長く複雑になっている。多くの法律事務所が、文章を標準化しておけばリスクを軽減することができると過去の経験から学んできた。業務を確実に遂行するために文書を標準化しておけば、法改正が行われた際の対応が容易になるほか、しっかりした契約書を作成しておくことでリスクを軽減しようとするクライアントにも対応しやすくなるだろう。

8　ユーザーと共に成長

法律事務所の規模は、どんどん大きくなっている。2010年前後から米国司法省が行っている反トラスト法違反を取り締まるための捜査と、それに起因する集団訴訟の影響により、コンプライアンス対応を専門とする“コンプライアンス業界”が生み出された。企業内の法務部門は政府系機関の元取締官を雇用し、価格操作などのホワイトカラー犯罪を防止するために独自の内部捜査を始めている。

このような状況下で、総合弁護士の役割を理解している法律事務所はクライアントにとって以前にも増して貴重な存在となっている。何事も速いペースで展開する社会において、弁護士はクライアントのビジネスについて何から何まで把握しておくことを求められる。また、法律事務所がアソシエイト弁護士を出向社員として大手クライアントに派遣するケースも増えている。かつて多くの弁護士は、最初に就職した法律事務所を離れることなくキャリアを終えた。ほかの事務所に移籍したくても、様々な理由により、そうすることが難しかったからだ。時代は変わり、最近の若い弁護士たちは自身のキャリア形成を重視するようになった。就職活動をする際、ロースクールの卒業生たちは十分な研修期間とキャリアアップの機会を与えてくれる法律事務所を探す。スマートフォンとともに育った若い弁護士たちは、時代遅れのテクノロジーしか使っていない法律事務所で働き続けることを望まない。彼らが求めているのは、業務の効率を向上させてくれる進化したテクノロジーなのだ。Practical Lawは若い世代が求める業務の効率化を実現するとともに、ますます重視されるようになったワーク・ライフ・バランスの実現にも貢献することだろう。

9　グローバル化に対応

「弁護士は自分が通ったロースクールから遠く離れた場所で働くことになるものだ」と、かつて法律学の教授たちは言っていた。米国の場合、ロースクールの卒業生は自身が勤務地として希望する州で司法試験を受ける。試験に合格して弁護士資格を取得した者はその州でキャリアをスタートさせるが、米国の州はそれぞれ独自の法律を有しているため、他州の法律に関わる案件を扱うことは原則的にできない。Practical Lawを利用すれば自分の勤務地以外の州の法律を読むことができるほか、複数の州を比較するカスタムレポートを作成することも可能である。

近年では多くの国が法律に関連する市場を開放しており、弁護士たちも国際的な活動を始めている。実際には自国の法域に関する助言しか与えられないかもしれないが、国際的な弁護士は複数の法域について知識を有していることを求められる。データプライバシーを専門とする弁護士に、カタールで会社経営を始める際に想定されるリスクについて助言を求めるクライアントもいるかもしれないのだ。

2002年12月、中国は法律事務所の数に関する制限と事務所設立が可能な地域の制限を解除した。また、日本では自国の法域で弁護士資格を取得した外国人弁護士が、日本以外の法域に属するクライアントに法的な助言を与えることができるようになっている。登録手続きはかなり複雑だが、既に400人以上の外国法事務弁護士が日本弁護士連合会に加入している。外国法事務弁護士に関する規制緩和は、日本を国際仲裁の中心地とするために行われた。その結果、キング＆スポールディング外国法事務弁護士事務所やクイン・エマニュエル外国法事務弁護士事務所といった国際的な法律事務所の弁護士が日本で活躍するようになった。

こうした変化により、中国と日本の弁護士はクライアントに提供するサービスのレベルを上げざるを得なくなっている。例えば日本の弁護士たちは以前と同じように日本のクライアントに助言するだけでなく、日本にオフィスを構えようとしている外資系企業のサポートも行うようになった。外資系のクライアントにも対応するようになったことで、法律事務所は国際税法や移民法、場合によっては相続法などに関連する新たなサービスも始めている。

日本の弁護士たちは法的文書を英語で作成することにも、国際的な訴訟や紛争を解決することにも慣れていない。海外留学の経験があり、外国で司法試験に合格した弁護士にとっても、英語の文書を迅速に作成するという業務は容易なことではないかもしれない。Practical Law を利用すれば、国際的な案件や英文の文書作成に不慣れな弁護士も複雑な契約書を迅速に作成することができるだろう。

10　国際化時代の企業内弁護士

企業の法務部門が行わなければならない業務は、近年ますます増えている。法律事務所は業務の遂行に要した時間数に基づいて、クライアントに料金を請求する。企業は高額になりがちな弁護士費用を削減するために、専属の法律事務所に勤務する弁護士を社員として雇うようになった。専門知識を有する弁護士を社員として雇えば、法務部門はよりスムーズに業務を進められるようになるからだ。

商取引に携わる経営者のなかには、弁護士に助言を求めたがらない者がいる。弁護士はクライアントが検討中の商取引にリスクがあれば、それを彼らに指摘する。それゆえに、かつて一部の起業家や事業主は弁護士を「ディールキラー（取引成立を妨げるもの）」とみなしていた。だが、特に国際的な取引をする場合は、訴訟やコンプライアンス関連のリスクを回避するために、取引を進める前に法務担当チームに相談をするべきである。企業の法務部門は事業や取引に携わる部署の1つとなりつつあり、法務部門内に「ビジネス推進課」を設置した企業もある。法務部門の役割は大きく変わりつつあり、そうした状況のなかで標準化された文書は業務遂行に欠かせないものになっている。

国際的な商取引を行う企業の企業内弁護士は、輸出管理や経済制裁など法的規制にも特別な注意を払わなくてはならない。例えば、軍事目的で使用することも可能なテクノロジーは、一部の国に輸出することができない。輸出が制限されるテクノロジーのなかには、テロ攻撃に使うこともできるスマートフォンやナビゲーションシステムなども含まれる。

このほか、企業内弁護士は国境を越えた技術移転や個人データの移転にも留意しなければならない。また、反マネーロンダリング法がますます厳しくなっているため、海外送金についてもより慎重になる必要がある。

ブレグジット（Brexit）と一般データ保護規則（GDPR）の影響で、国際弁護士が対応すべき問題はさらに増えた。企業内弁護士もブレグジット問題に気を留め、データプライバシーに関する知識を常にアップデートする必要がある。

多くの企業内弁護士は、もはや売買契約を担当してはいない。現地法や国内法、そして国際法に違反した場合の罰則は、どんどん厳しくなっている。だが、法務部門は仕事に追われて手一杯になっているため、それらの法令をすべて把握しておく余裕がない。そんな状況だからこそ、多くの企業内弁護士がPractical Lawのチェックリストや契約書、条項に関する解説を含むドラフティングノート、プラクティスノートを利用しているのである。

11　政府系機関の法務部門

政府系機関の弁護士たちは、仕事量は増えているのに予算は減ったと感じている。例えば、地方自治体の自治体内弁護士はハラスメントや傷害、土地収用など幅広い案件を扱う。地方自治体が高速道路の出口を増設する際、自治体内弁護士は、用地を収用や土地の所有者に対する補償案の策定などを任されることになる。

政府系機関の弁護士は、調達契約の締結にも携わる。公共事業の受託業者を決めるための入札が行われる際、弁護士は利害の衝突が生じないように細心の注意を払わなくてはならない。法律のどの領域に関与する場合も、記録をしっかり取っておくことは非常に重要だ。特にデューディリジェンスが行われている間に取られた措置については、利害の衝突が生じた際に備えて正確に記録しておかなければならない。

政府が大学や民間団体と共同研究契約を締結することもある。こうした契約を締結する際は条件規定書の作成やチェックリストの確認を行うとともに、利害の衝突が生じないように常に配慮することも必要だ。研究開発成果の取扱いについては、しばしば問題点や課題が生じるからである。

政府機関の弁護士は市民からの苦情に対応することもあれば、官僚と連携して仕事をすることもある。市民の利益と社会のために、弁護士は常に毅然とした姿勢で迅速に行動に移らなければならない。また、法律は改正されることも多いため、法律に関する知識を常にアップデートする必要もある。Practical Law は、弁護士が正確な最新情報を手に入れるためのツールにもなっている。

12　世界中のビジネスをサポートするために

Practical Law は英国や米国、カナダ、オーストラリア、中国をはじめ、アフリカ、中東、インド、アジア太平洋、ヨーロッパ、南米、カリブ海沿岸諸国など、約80におよぶ様々な法域のコンテンツを用意している。これほど広範囲な法域の法調査や、コンテンツの頻繁な更新が可能なのは、優秀な弁護士たちを擁する Practical Law の編集チームが世界中のコントリビューティング・ファームと密に連携しているからにほかならない。

また、世界のそこかしこで昼夜を問わず Practical Law の様々な機能を利用しているユーザーのために、トムソン・ロイターはいつでも簡単に利用できるサポートを用意している。Practical Law の製品トレーナーが世界各地に配置されているほか、自席から自由に参加できるオンライントレーニングも充実している。

Practical Lawは日ごとに進化し、コンテンツや機能も随時拡張しているが、充実したトレーニングを利用することにより、ユーザーは常に当サービスを最大限に有効活用することができる。

ここまで、Practical Lawがどのような実務の現場でその力を発揮するか紹介してきたが、よく使われる機能やコンテンツについて以下に改めてご案内しよう。

〈Practice notes（プラクティスノート）〉

「プラクティスノート」は法律に関する特定のトピックスについて、専門的な知識を分かりやすくまとめて紹介するコンテンツである。最新の法律や実務への適用のなされ方が詳細かつ明解に解説されているため、リサーチを効率よく進めることが可能である。“かゆいところに手が届く”とユーザーから好評を得ているコンテンツの数々は新米の弁護士はもちろんのこと、自分の専門分野外の法律には詳しくない弁護士や法律に関する最新情報を把握しておきたいと考えるベテラン弁護士の役にも立つことだろう。

〈Checklists（チェックリスト）〉

開始時でも終了時でもいいが、何らかのプロジェクトを手がける際はチェックリストを使ったほうがいいだろう。展開のペースが速く、経済的な規模も大きい国際的なM&Aに携わる弁護士にとっても、チェックリストは有益なツールになり得る。初めて取引に携わる経験の浅い弁護士はもちろん経験豊富な弁護士も、Practical Lawを使えばミスを防いで効率的に仕事を進めることができるだろう。

訴訟を行う際、必要な書類を探し出すために多額の費用を要する場合がある。そのような事態が起きるのは、「もしもの場合」に備えて企業が大量の書類やファイルを保存しているからだ。文書の保存に関するルールをつくる際は、どの書類をいつまで保管するべきか判断しなければならない。文書や情報の管理に関する厳格なルールを設け、それを徹底している企業の数は限られると思われるが、このようなケースに関する判断基準を調べる際にもPractical Lawは有効である。

前述したように、米国司法省は反トラスト法および海外腐敗行為防止法（FCPA）違反を取り締まるために、数多くの国際的企業を捜査した。当局に摘発されるような事態を防止するためには、内部調査を実施してリスクが潜んでいそうな業務や部署を早い段階で特定する必要がある。内部調査を行う際にPractical Lawが提供しているチェックリストを使えば、より効果的な調査を行うことができるだろう。国際的な企業が法務部門の統合を進めるなか、香港かシンガポールの弁護士がアジア支社すべての法務を管理しているケースも見られるようになった。そのような総合弁護士には、データ移転に関する法律を遵守しながら各国の支社のために文書保管のルールを設定する技量が求められている。

チェックリストの種類が豊富なPractical Lawは、弁護士や企業が重ねてきた経験を今後に活かす役割を果たしてくれる。Practical Lawを有効に活用すれば、何かを新たに開発する必要も、努力をさらに重ねる必要もなくなるだろう。

〈Legal updates & Alert（アップデート・アラート機能）〉

法律は時として改正されるため、契約書などの文書をそれに応じてアップデートする必要が生じる。審理中の法律がクライアントや自社の取引に影響を及ぼす可能性がある場合は、Practical Lawのアラート機能を使うことをお勧めする。アラートを設定しておけば、審理中の法案が取引にいつ頃から影響を及ぼすことになるか知ることができるほか、パブリックコメントセッションの実施日や法案が可決された日、新たな法律の施行日を確認することもできる。

〈Standard documents and drafting notes（スタンダードドキュメントとドラフティング・ノート）〉

文書を作成する際は、「この文書を読むのは誰か」ということを常に意識しなければならない。例えば、サービスプロバイダを運営する企業の弁護士がサービスを利用する側との間に締結する契約書を作成する場合、その契約書はプロバイダの運営会社に有利な内容になる。一方、サービスを利用する側の弁護士が契約書を作成すれば、契約書は利用者に有利な内容になるだろう。自社に有利な契約書を作成するためには、どの条項をどのような内容にすればいいか判断する必要がある。Practical Law はそのような判断をする際にも、大いに役立つことだろう。

取引を行う際、当事者がそれぞれ異なる点を懸念しているケースも少なくない。そのため、企業内弁護士は相手方と議論すべき点と妥協すべき点を見極めなければならない。契約書を作成する際は、問題になりそうなのはどの条項か事前に見抜くことも大切だ。今もって訴訟件数が少ない日本では、裁判を行うことなく争いごとを解決することが重視される。一方、日本以外の国では、どの条項がリスキーか、そしてどの条項がどんな法律に基づいているかを確認するとともに、訴訟に発展した場合にどの条項が効力をもつか認識しておくことも必要になる。

〈Fast Draft（ファスト・ドラフト）〉

Practical Law の自動ドラフティング・ツール「Fast Draft（ファスト・ドラフト）」には、雇用、財務、知的財産に関する文書、個人のクライアント向け文書、公営企業用の文書、そして標準条項など多種多様な文書が数多く収録されている。ユーザーは画面に表示される質問に「Yes」か「No」で答えたり、当事者の名前や日付、法律の種類など必要な情報を入力したりするだけで契約書を迅速に作成することができる。

プレビュー機能を使えば、自分が選んだ回答によって文書内の該当箇所がどのように変更されるのかを確認することができるため、ユーザーは安心して作業を進められる。また、自身の理解を深めたり、新しいスタッフを教育したりするために活用してもいいだろう。

Fast Draft の機能を用いて作成された書類は、Word 文書としてダウンロードすることができる。Word 文書なら必要に応じて簡単に再編集することができるので、ユーザーにとって使い勝手がよいのではないだろうか。

【図表13】Practical Law ファスト・ドラフト画面

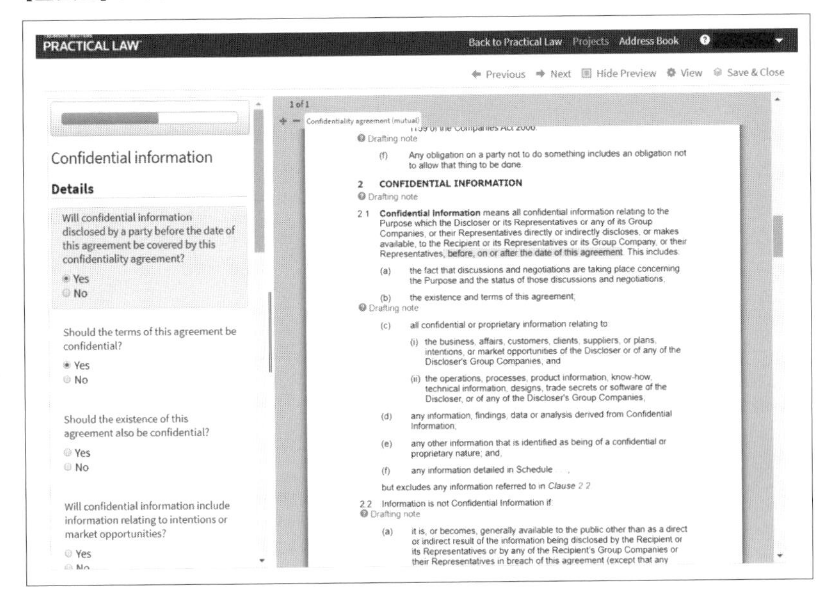

13 最後に

法律事務がますます複雑化するなか、弁護士や企業の法務部門が携わる取引も以前より複雑になり、展開のスピードも増している。そうした状況下で業務上のミスを防ぎ、コンプライアンスを遵守しながら正確に法律事務を遂行するためには、法律事務に特化したテクノロジーを利用するべきである。Practical Law チームはユーザーにとって価値のある情報を迅速に提供し、より強力なサポート体制を確立するために絶え間なく努力を重ねている。

常に進化し続ける Practical Law が提供するリソースは、法律事務所に勤務する弁護士のみならず、政府系機関の弁護士や企業内弁護士にも大いに役立つことだろう。

Ⅲ　電子契約サービス――GMOクラウド

GMOクラウド株式会社
電子契約サービス推進室長　牛島　直紀

序　論

「なんだ、この契約書の印紙、俺の給料より高いじゃないか」

私が所属するGMOクラウド株式会社の法務担当として働き始めた社会人1年目。グループ会社に対する貸付を行うにあたって金銭消費貸借契約をドラフトし、押印申請をしようとしていたときの感想だ。

そんなときに「PDFに電子署名する方法で締結すれば印紙は要らないらしい」と上司に教えられたのが筆者と電子契約の出会いである。GMOクラウドは電子署名を行うための電子証明書を発行する電子認証局を運営するIT企業である。電子契約に必要な電子証明書やタイムスタンプは自社商材なのだ。そんな企業が電子契約を利用しないのは法務の怠慢だ…

以来、法務として消費貸借や業務委託などのグループ間取引では電子契約を活用していたのだが、利用してみると非常に便利だ。面倒な製本も送付も要らない。契約書の管理も楽だ。なぜ誰もサービス化しないのだろう、と思いつつ、10年近く法務として働いていたのだが、その間、同じ管理部門である経理や人事、労務ではIT化が進み次第に仕事が楽になっていくのに、法務はいまだに紙の契約書の管理に追われている。

そこで、2014年、電子契約の便利さをもっと知って欲しい、法務で働く人々にもIT化の恩恵を享受できるようにしたい、ということで電子契約事業を立ち上げ、現在に至っている。

本稿では、電子契約を知らない方、これから導入を検討している方向けに、電子契約の入門編として電子契約とはどういうものなのか、どのような利用がなされているのかを説明したい。

1　電子契約とは

電子契約とは、従来、書面に記名捺印または署名等で締結していた契約書に代わり、電子文書に電子署名または電子サインで締結する契約をいう。

電子署名法や電子帳簿保存法等、電子契約を支える法的基盤については2000年代に整備されており、電子契約も一部の大企業では利用されていたが、近年、クラウドサービス導入への心理的ハードルが下がったことに加え、メガバンクが電子契約の導入を相次いで発表したことも手伝って、企業規模の大きさを問わず一挙に利用が広がっている（【表1】）。

【表1】書面契約と電子契約

	書面契約	電子契約
形　式	文書	電子データ
押　印	印鑑または署名	電子署名または電子サイン
送　付	送付・持参	インターネット
保　管	書棚	サーバー
印　紙	必要	不要
証拠力	あり	あり

2　電子契約のメリット

電子契約が注目されている大きな理由は、その導入メリットの大きさである。一般的に①コスト削減、②契約業務の効率化、③コンプライアンス強化の３点が挙げられる。

(1)　コスト削減

電子契約が最初に注目された大きな理由がこの点であろう。

まず、電子契約では書面契約で必要とされる印紙税が不要となる。印紙税法は、2条において「……文書には、この法律により、印紙税を課する。」と定めており、印紙税の課税物件を「文書」に限定している。電子契約は、文書ではなく電子データ（電磁的記録）で作成されることから、印紙税の課税対象外となるわけである。この点については、参議院における内閣総理大臣の答弁書においても「事務処理の機械化や電子商取引の進展等により、これまで専ら文書により作成されてきたものが電磁的記録により作成されるいわゆるペーパーレス化が進展しつつあるが、文書課税である印紙税においては、電磁的記録により作成されたものについて課税されない」（内閣参質162第9号平成17年3月15日）との回答がなされている。

また、書面契約の際には、契約書の送料、締結後の保管料などの費用も必要となるが、電子契約においてはこれらの費用も不要である。

(2) 契約業務の効率化

当初は印紙税の削減目的で導入が進んだ電子契約ではあるが、最近、導入を決める企業は契約業務の効率化を理由とすることがほとんどだ。

書面契約と電子契約の業務フローを比較した**【図表14】**をご覧いただきたい。

書面契約の場合、印刷→製本→印紙の貼付→押印→送付→相手方の押

【図表14】書面契約と電子契約の業務フロー

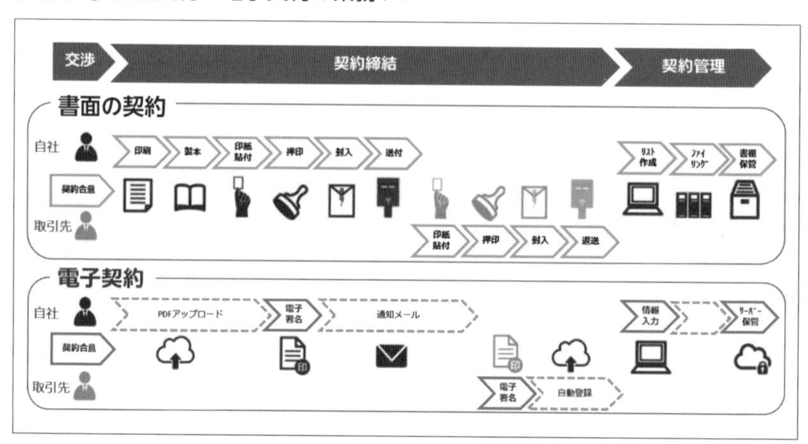

印・返送→契約リストの作成→ファイリング→書棚保管という流れで行われている。場合によっては、印紙管理台帳の管理や取引先への返信用封筒の同封、返信してくれない取引先への督促などもあるだろう。私の法務時代の経験上、どんなに早くても契約締結には２～３週間はかかっていたが、その間、ビジネスは「契約待ち」として停滞するのである。

これが電子契約になると、契約書をPDF化して電子契約システムにアップロードすれば、オンライン上で署名できるため、早ければ数分で契約締結が完了する。ユーザーに導入効果をインタビューしているが、平均で80％程度の業務工数と締結時間を削減できると回答している。

⑶　コンプライアンス強化

電子契約の場合、契約締結の進捗状況や有効期限などの契約情報がシステム上で可視化・共有することができるため、締結漏れ・保管漏れ・更新漏れなどを防止することが可能である。

3　電子契約の種類と証拠力

ここまで電子契約のメリットについて説明したが、電子契約の導入にあたって法務部門がもっとも懸念するのは、その証拠力である。電子契約においても、契約について争いが生じた場合には裁判上の証拠となることが必要となる。

民事訴訟において、文書に証拠力が認められるためには、当該文書が真正に成立したこと（署名者が本人の意思で作成した文書であること）を立証する必要がある（民事訴訟法228条１項）。

この文書の真正性の立証にあたり、電子契約サービスには「電子署名タイプ」と「電子サインタイプ」の２つのタイプがあることを説明する必要がある。この２つのタイプには、下記のように、立証の容易性と利便性に大きな差異があるからである。

⑴　電子署名（Digital Signature）タイプ

例えば、Ａ社・Ｂ社で契約する場合に、電子認証局が各署名者の本人確認を行い、発行した電子証明書を用いて電子署名を行うタイプの電子契約サービスである。

この場合、電子認証局は、自らの運用規程にもとづいて本人から提出された印鑑証明書や身分証明書をもとに厳格に本人確認を行うため、電子署名がなされている文書には､本人が署名したとの高度の信頼が与えられる。

そのため、電子署名法は「電磁的記録に記録された情報について本人による電子署名……が行われているときは、真正に成立したものと推定する。」（３条）と定め、本人の電子署名がある電子データについて、本人の意思により作成されたこと（文書の真正性）が法律上推定されるものとしている。これは、訴訟において電子署名された電子データの真正性が争われた際に、否認する側が「本人の意思で作成した文書ではない」ことを証明できない限り、その証拠力が認められることを意味する。

このように電子署名タイプの電子契約においては、電子署名法にもとづいて非常に強力な証拠力が認められている。

また、電子証明書の管理は本人が厳格に行うことになるため、従来の印章管理や署名権限管理といったガバナンス関連規程にも親和性があるというのもこのタイプの利点である。

ただ、導入面において、自社側だけでなく相手側にも電子証明書の取得が必要となり、費用も高くなることから、導入ハードルが高くなるという特徴ももつ（【図表15】）。

【図表15】電子署名タイプ

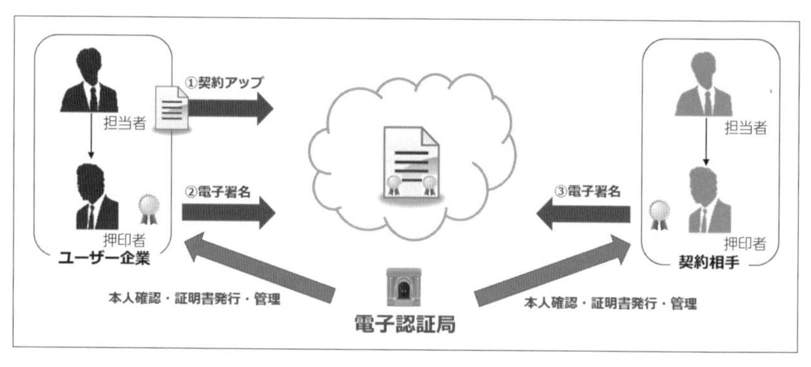

⑵　電子サイン（Electronic Signature）タイプ

電子署名が、電子認証局による厳格な本人確認を経た電子証明書による電子署名をもって本人性を担保するのに対し、電子サインでは、システム上で契約相手が文書の確認・承認というプロセスを経たという一連のシステムログをもって「本人が自分の意思で作成した文書」であることを担保する。

一般的な電子サインタイプの電子契約サービスは、署名者のメールアドレス宛にユニークな署名用 URL を送信し、受信者が当該 URL から電子契約サービスにアクセスし、文書を確認のうえ、署名を行う。この場合、電子認証局が発行した本人名義の電子署名が行われるわけではないので、電子署名法上の推定効までは付与されないが、この一連のフローによって署名されたことをもって「本人が自分の意思で作成した文書」であると立証して、文書の証拠力が認められることになる。

なお、電子サインタイプの電子契約サービスにおいては、より本人性を高める機能として、メール認証のほか、アクセスコード認証、SMS 認証等の機能も提供している。

このように電子署名タイプのような法律上の推定効まではないが、電子証明書の取得が不要であり、メールアドレスとインターネット環境さえあれば署名が可能なため、非常に導入ハードルが低いという利点を持っている（【図表16】）。

【図表16】電子サインタイプ

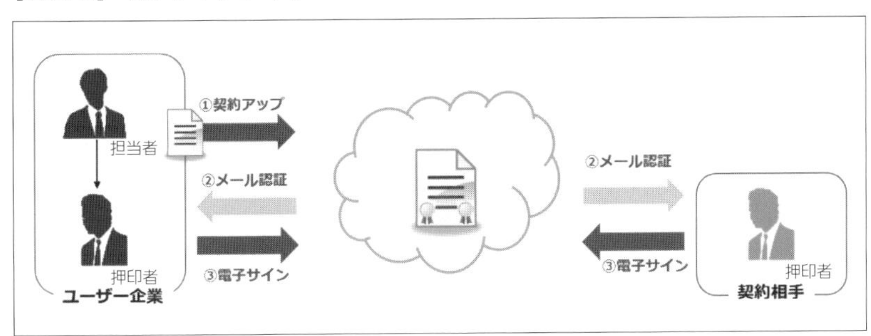

⑶　両者の比較

上記の内容を簡単な比較表にすると下記のような形になる。

【表２】電子署名タイプと電子サインタイプの比較

		電子署名タイプ	電子サインタイプ
導入面	電子証明書の取得	必要	不要
	契約相手の負担	あり	なし
	利用料金	比較的高額	比較的低額
証拠力	完全性の担保 (改ざん防止)	本人の電子署名 タイプスタンプ	タイプスタンプ等
	本人性の担保	認証局が本人確認 して発行した 電子証明書	メール認証等に よるシステムログ
	証拠力の強さ	◎ 法律上の推定効 (電子署名法３条)	○
導入 効果	印紙代等の削減	○	○
	業務の効率化	○	○

なお、「電子署名」「電子サイン」については、これまで業界内で明確な使い分けがなされておらず、いずれにも「電子署名」との語をあてることが多かったことから、大企業の法務責任者ですら両者を混同していることが多い。

このような状況から、公益社団法人日本文書情報マネジメント協会（JIIMA）が2019年５月に発表した「電子契約活用ガイドライン」では、「電子署名」「電子サイン」を明確に分けて定義しており、一般財団法人日本情報経済社会推進協会（JIPDEC）も電子署名タイプの電子契約サービスについて、その信頼性を審査する「JCANトラステッド・サービス登録」

の制度を開始している。

「電子署名」と「電子サイン」には、証拠力の強さに差異があるだけでなく、後述のように法律上「電子署名」を要求されている文書もあることから、電子契約の導入にあたっては、自社での利用シーンや利用しようとする文書の種類にあわせて電子契約サービスを選択する必要がある。

4　電子契約の導入にあたり注意すべき法律

(1)　電子帳簿保存法

売上や経費を証明するための書面の契約書や発注書、請書、領収書等は国税関係書類であり、法人税法や所得税法などの税法により、原則として紙で保存することが義務付けられている。しかし、電子的に作成されたこれらの文書を紙に印刷して保存しなければならないとするとせっかくの電子契約のメリットも半減してしまう。

そこで、重要となるのが電子帳簿保存法である。

同法は、紙保存が原則とされている国税関係書類について、一定の要件のもと電子保存を例外的に認めている。電子契約は、同法２条６号の「電子取引」に該当し、同法10条の要件に従うことで電子保存をすることが認められる。

【表３】電子帳簿保存法10条の要件

	電子帳簿保存法10条の要件
措　置	認定タイムスタンプの押印及び記録保存者の情報を確認できるようにすること（規則８条１項１号）又は正当な理由のない訂正・削除の防止に関する事務処理規程の運用・備付（同２号）
保存場所	国税に関する法律が定める「保存場所」（規則８条１項） ※電磁的記録が「保存場所」外のサーバーにある場合であっても、ディスプレイに出力できれば「保存場所」に保存されているものと取り扱われる。

保存期間	国税に関する法律が定める「期間」（７年間・規則８条１項）
保存方法	１）見読性の確保（規則３条１項４号） ２）システム概要書類の備付（規則３条１項３号イ） ３）検索機能（規則３条１項５号）

なお、国税関係書類の電子保存については税務署長の承認が必要とされているが、電子契約のような「電子取引」においてはこの承認も不要とされている（法４条）。

⑵　その他の法律

契約方式自由の原則の下、基本的には電子契約による契約締結も認められているが、弱者保護や紛争防止の観点から書面作成が契約の成立要件になっている場合や書面交付を義務付けられている場合があり、このような文書については電子契約が利用できない。

また、電子的な作成が認められてはいるものの、電子署名法上の電子署名が要求されている文書もあり、このような文書については電子署名タイプの電子契約サービスを利用する必要がある（**【表４】**）。

【表４】

書面が必要な文書の一例	定期借地権設定契約（借地借家法22条） 定期建物賃貸借契約（借地借家法38条） 割賦販売法に定める指定商品についての月賦販売契約（割賦販売法４条） 宅地建物の売買・交換・賃貸借契約の成立時交付書面（宅地建物取引業法37条等） マンション管理委託契約の成立時交付書面（マンション管理業法73条） 等

電子署名が必要な文書の一例	取締役会議事録（会社法369条４項） 建設工事の請負契約（建設業法施行規則13条の２） 等
電子サインで可の文書	上記以外の書類

なお、宅地建物取引業法やマンション管理業法についてはIT 活用に関する社会実験（宅地建物取引業法については2019年10月～2020年９月、マンション管理業法については2019年９月～11月）が行われており、また、建設業法施行規則13条の２第２項については、経済産業省のグレーゾーン解消制度により一部の電子サインサービスについても利用が認められるなど、業界の生産性向上の観点から運用の見直しが進められているため、導入にあたっては、関係省庁等への確認をお勧めする。

5　GMO 電子契約サービス Agree について

ここまで電子契約全般に関する事項を述べてきたが、当社の提供するGMO 電子契約サービス Agree について、その特徴と利用事例を紹介する。

(1)　GMO 電子契約サービス Agree の強み

①　国内 No.1電子認証局 GMO グローバルサインの技術・知見

電子契約サービスは、電子署名とこれを支えるIT 基盤によって構成されているが、当社は、この電子証明書を全世界で2,500万枚以上の発行実績を誇る国内 No.1電子認証局「GMO グローバルサイン」を運営している。

当社の「GMO 電子契約サービス Agree」は、この No.1電子認証局の技術・知見のもとに構築・運用されており、ユーザーが安心・信頼して利用することができる電子契約サービスとなっている。

システム上も GMO グローバルサインの電子証明書発行システムと連携しているため、システム上から電子証明書の申請・更新が可能であり、発行された電子証明書は Hardware Security Module という堅牢な環境で管理されるため、利用しやすさと安全性を両立している。

また、締結された電子契約は、通常、Adobe社のAdobe Acrobat Readerで閲覧されることになるが、GMOグローバルサインは同社が定める厳格な認定基準に対応したAATL対応認証局（Adobe Approved Trust Listの略称）となっている。そのため、電子署名の有効性をAcrobat Reader上で簡単に検証することができるようになっており、ユーザーだけでなく、契約相手にも安心して利用できる電子契約サービスとなっている。

②　電子署名・電子サイン・手書きサインのいずれにも対応

上述のように電子契約サービスは、電子署名タイプと電子サインタイプのいずれかに区別され、利用シーンにあわせて使い分けをすることが求められる。「GMO電子契約サービスAgree」では、電子署名・電子サインのいずれにも対応しているため、契約書は電子署名、受発注書や申込書は電子サインというように、あらゆるビジネスシーンで利用することができる。

また、タブレットやスマートフォンであれば手書きのサインも可能となっているため、これまで紙に署名を求めていたような誓約書や同意書などでも活用が可能である。

③　書面契約も含めた一元管理

電子契約サービスを導入して、その日から100％電子契約に切り替えるというのは非常に難しい。雇用契約や代理店契約などは比較的早期に電子契約への切り替えは進むが、契約の種類や相手方によっては書面契約が残ってしまうのが通常だ。また、もし仮に100％の切り替えを実現できたとしても、過去の契約はすべて紙で残っているのである。

そこで、「GMO電子契約サービスAgree」では、書面で締結した契約書をスキャンした電子データも、電子契約と一元管理することができるスキャン文書管理の機能も提供している。

登録された文書は、フォルダごとに管理し、閲覧権限も設定することができるため、部外秘や関係者外秘の文書についても安心して管理することができるようになっている。

⑵　利用事例

①　グループ企業間契約

私が法務時代に電子契約に出会ったきっかけとなる契約だが、多くのグループ会社を抱える企業では、グループ間の業務委託契約や資金需要に応じた金銭消費貸借契約を締結することが多い。

これらの契約は、印紙税が高額であることが多いため、導入によるコスト削減効果が非常に高い。また、3社以上の多数当事者間での契約になることも多く、その際は各社での押印申請を行う必要があるため（私は法務時代に「スタンプラリー」と呼んでいた）、締結までに時間と手間を要していたが、電子契約であれば当日中には締結が完了してしまうため、導入メリットは極めて高い。

さらに契約相手がグループ会社でもあり、電子契約の利用に関する同意も得やすいことから、まずグループ企業間契約から利用を始める企業も多い（【図表17】）。

【図表17】グループ企業間契約

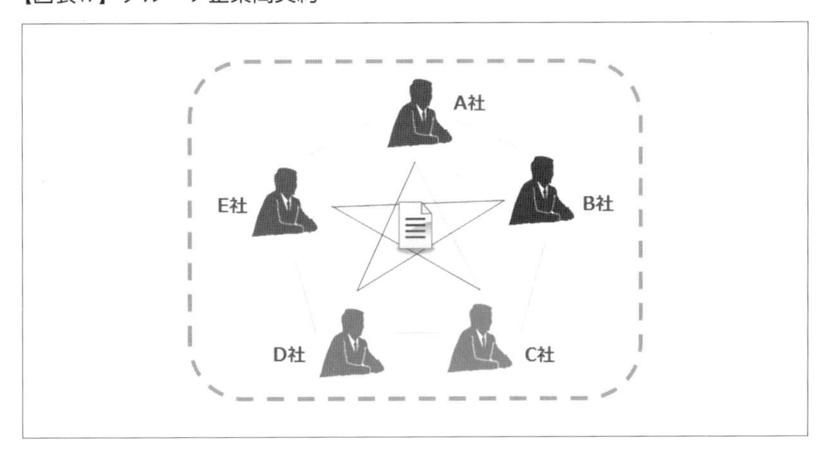

②　事業者との取引契約

電子契約の活用例として非常に多いのが、協力事業者や代理店との業務委託契約や代理店契約、機密保持契約、その更新契約・覚書での利用である。

これらの契約は印紙も必要となるだけでなく、契約数も非常に多いことから、コスト削減や業務効率化のために利用されており、当社サービスでも下記のような例で利用されている。

・保険…代理店との代理店契約や機密保持契約の締結
・建設・運輸…協力事業者との取引基本契約の締結
・小売…フランチャイジーとのフランチャイズ契約の締結
・教育…講師との業務委託契約
・フィットネスクラブ…インストラクターとの業務委託契約

最近では、民法（債権関係）改正を見すえて基本契約書の見直しをする企業も多く、その際にすべての契約を書面契約で締結するとコストと手間が膨大になることから、電子契約の導入を決めるケースも増えている。

【図表18】事業者との取引契約

③　サービス申込書、受発注書や納品書・検収書

業務効率化の観点から利用が多いのが、顧客からの申込書や検収書の取得、協力事業者への受発注書や検収書の送付で利用するケースである。当

社でも下記のような業種での利用実績がある。

・建設…協力事業者への発注書・発注請書や納品書・検収書

・製造…協力事業者への発注書・発注請書や納品書・検収書

・IT…サービス申込者からの申込書の取得

建設業や製造業ではこれらの取引書類が非常に多いことから、自社の基幹システムやワークフローシステムと連携して利用されるケースも少なくない。また、サービス申込書での利用の場合には、営業支援システムや取引管理システムと連携して利用されるケースも多い（【図表19】）。

【図表19】データ申込書、受発注書や納品書・検収書

④　従業員との雇用契約や同意書

最近、利用が急増しているのが、人事部門での利用である。

人事部門では、採用の際に、従業員との間で雇用契約を取り交わし、同意書、機密保持誓約書などの書類を取得している。特にアルバイトスタッフや契約社員などを多く採用しているような企業では、更新のたびに契約を取り交わす必要がある。

このようなシーンで電子契約を活用することで、採用時の契約締結・書類回収業務を一挙に効率化、スピード化を図っているのである。

2019年３月31日までは、雇用の際に交付が義務付けられる労働条件通知書について、労働者保護の観点から書面での交付が必要とされていた。そのため、電子契約で雇用契約を締結するユーザーも、労働条件通知書は、別途紙に印刷して交付するという二度手間を強いられていたのである。

しかし、2019年４月１日に改正労働基準法施行規則が施行され、労働者が希望する場合には労働条件通知書の電子交付が認められることになったため（同規則５条４項）、利用が一挙に増加している（【図表20】）。

【図表20】従業員との雇用契約や同意書

6　最後に

電子契約サービスについては、まだまだ若いサービスでもあり、当社が2015年にサービスリリースした当初は、50名規模のセミナーを開催しても来場者は２名というようなこともあったが、この２年ほどで利用者も利用数も急増しており、電子契約自体の認知が広がっていることを肌で実感している。

今後は、私が法務時代に電子契約を利用したときの感動をより多くのユーザーに感じてもらうとともに、必要とされる機能を拡充することで、利用企業の業務効率化、社会の生産性向上に貢献していきたいと考えている。

一方で電子契約は、ユーザーの重要な取引書類である契約を取り扱うサービスであり、その運用やセキュリティについて信頼できる体制を強く求められるサービスでもある。業界としても、前述の「JCANトラステッド・サービス登録」がスタートするなど、電子契約サービスの信頼性確保に向けた取組みが進められており、当社もこうした取組みにも積極的に協力している。

これからもサービスの利便性向上と信頼性確保を両輪として、電子契約の普及に努め、誰もが安心して電子契約を利用できる社会を創っていきたいと考えている。

【特別コラム】トラストサービス

宮内・水町IT法律事務所 弁護士　宮内　宏

1　トラストサービスとは

トラストサービスは、電子署名の証明書発行やタイムスタンプ付与のように、電子文書等の信頼性を確保するための基盤となるサービスをいう。電子取引（契約書、注文書、注文請書、請求書、領収書などを電子的に取り交わす取引）の普及・発展にあたっては、電子化された取引書類の真正性を確認する手段が必要となる。トラストサービスは、このような確認を様々な局面で行うためのインフラストラクチャーである。

本コラムでは、トラストサービスについて、欧州と日本の状況を中心に述べる。

2　欧州の取組み

EUは、2014年７月に、加盟国に強制力を持つ規則として、いわゆるeIDAS（Electronic Identification and Trust Services Regulation）[4]を制定し、2016年７月に全面施行した。eIDASは、欧州における電子取引の活性化を目的としており、トラストサービス全般についての規定や効力について定めている。認定を受けたトラストサービスは、適格（Qualified）と言われる。適格トラストサービスに発行された電子情報については、法的効力が明記されており、EU域内においては効力を相互に認めあう（他国の適格サービスも自国の適格サービスと同様に扱う）ことが規定されている。

【図表21】に示すように、eIDASでは、電子署名、タイムスタンプ、ウェブサイト認証、eシール、eデリバリーをトラストサービスとして規定している。また、これらの情報についての検証サービス、長期保存サービスについても規定がある。eIDASには、各トラストサービスに基づく電子情報の法的効果（例えば、適格電子署名は手書き署名と同等の法的効果を持つ）が定められており、欧州における国境をまたいだ電子取引を安全・安心に行える基盤を提供している。

EU域内の各国は、その国で認定を受けた適格サービスのリストを、トラストリストとして管理しており、EU全体としてはトラストリストのリストを管理している。これらのリストはオンラインでアクセス可能であり、自動的な確認処理にも利用できる（eIDAS 22条３項）。

4）正式名称は「REGULATION (EU) No 910/2014 OF THE EUROPEAN PARLIAMENT AND OF THE COUNCIL of 23 July 2014 on electronic identification and trust services for electronic transactions in the internal market and repealing Directive 1999/93/EC」。

【図表21】EU におけるトラストサービスのイメージ

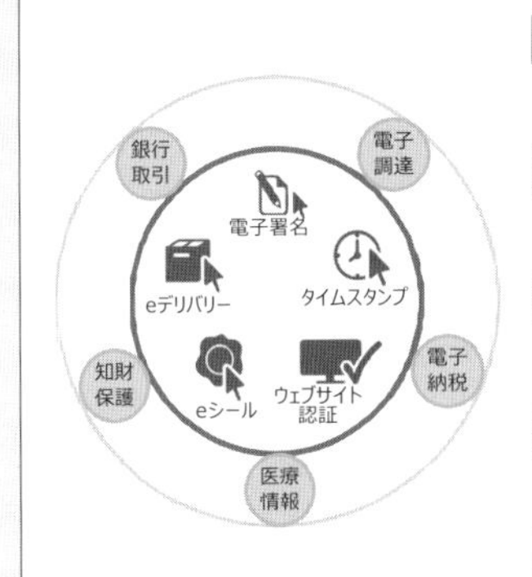

電子署名

○ 自然人が電磁的に記録した情報について、その自然人が作成したことを示すもの。

タイムスタンプ

○ 電子データが、ある時刻に存在していたこととその時刻以降に改ざんされていないことを示すもの。

ウェブサイト認証

○ ウェブサイトが真正で正当な主体により管理されていることが保証できることを示すもの。

eシール

○ 文書の起源と完全性の確実性を保証し、電子文書等が法人によって発行されたことを示すもの。

eデリバリー

○ データの送受信の証明も含め、データ送信の取扱いに関する証拠を提供するもの。

出典：総務省「プラットフォームに関する研究会　中間報告」（2019年４月）36頁より抜粋。

3　日本の実施・検討状況

2章Ⅲで述べた通り、電子署名については、その証拠力に関する規定と、電子署名の正当性を検証するための電子証明書（印鑑証明書に相当する電子的な証明書）を発行する電子認証業務の認定についての規定が、電子署名法に置かれている。また、2018年に施行された電子委任状法では、電子証明書等への代理権限や組織内での役職等を記載して代理権を確認できる方法を規定しているほか、組織の代表者からの指示に基づいて電子委任状を発行する電子委任状取扱業務の認定を規定している。

これら以外のトラストサービスについては、ガイドラインや民間における認定にとどまっている。今後の国際的な協調なども視野に入れると、法制度の整備が必要となっている。このような状況のもと、総務省では、2019年１月に、プラットフォームサービスに関する研究会のもとにトラストサービス検討ワーキンググループを立ち上げて、トラストサービスに関する法制度の検討を開始した。これに呼応するように、高度情報通信ネットワーク社会推進戦略本部は2019年６月に「デジタル時代の新たなIT 政策大綱」において、2019年１月にダボス会議で安倍総理が提唱した「データ・フリーフロー・ウィズ・トラスト（DFFT）」のコンセプトに言及するとともに、トラストサービス活用のための制度の在り方を含む取組みについて2019年度内に結論を得るとの記載を行った。

総務省のトラストサービス検討ワーキンググループでは、電子署名の実施方法の一つであるリモート署名、タイムスタンプ、e-Sealを中心にトラストサービスの在り方を検討している。同ワーキンググループは、2019年８月に、中間取りまとめを公表した[5]。ここでは、各トラストサービスの検討状況を報告しており、制度の在り方の検討の基礎となる情報をまとめたものとなっている。検討の詳細については、トラストサービスの種別ごとに以下で述べる。

4　トラストサービスの実現状況

(1)　電子署名・リモート署名

電子署名は、電子文書の作成者の証明のために用いられる仕組みで、いわば、電子的な印鑑の役割を持つものである。法令上は、電子署名法３条に真正な成立の推定（電子文書に一定の条件を満たす電子署名が行われていれば、その電子署名を行った者が電子文書の作成者だと裁判上、扱われること）が規定されているほか、電子証明書を発行する認証業務の認定について規定されている（同法４条以下）。これらの規定により、認定認証事業者が発行する電子証明書に基づく電子署名であれば、実印と同等程度の信頼性があるとされている。また、マイナンバーカードによる電子署名も実印と同等程度と考えられる。認定を受けていない特定認証業務（一定の技術基準を満たす発行局）については、その運用により、三文判程度から銀行届出印程度の信頼性があり、場合よっては実印程度のものもありえる[6]。

なお、欧州では、eIDASにおいて、適格電子署名は手書署名と同等の法的効力を持つと規定されている（eIDAS 25条２項）。

電子署名を生成する方法として、最近、注目されているのがリモート署名である。電子署名を生成するためには、署名者だけが使える秘密情報（秘密鍵と呼ばれる）が必要である。従来は、署名者が自ら秘密鍵を、IC-Cardや記憶媒体で管理し、これを用いて電子署名を行ってきた（このような方法を、リモート署名と対比してローカル署名という。**【図表22】**参照）。これに対してリモート署名は、リモート署名事業者が利用者の秘密鍵を預かり、利用者からの指示により、秘密鍵を用いて電子署名を生成する仕組みである（**【図表23】**）。

リモート署名では、リモート署名サーバーへのログインが適切に管理できればよいため、利用者は、IC-Card等の所持は要求されない。また、任意の場所から電子署名生成の指示を送れるため、ローカル署名に比べて、格段に利便性が向上するものと考えられている。今後の、電子取引の進展のためにも、リモート署名には高い期待が集まっている。

５）http://www.soumu.go.jp/menu_news/s-news/01cyber01_02000001_00037.html

６）詳しくは、宮内宏編著『改訂版 電子契約の教科書――基礎から導入事例まで』（日本法令、2019）を参照のこと。

【図表22】ローカル署名

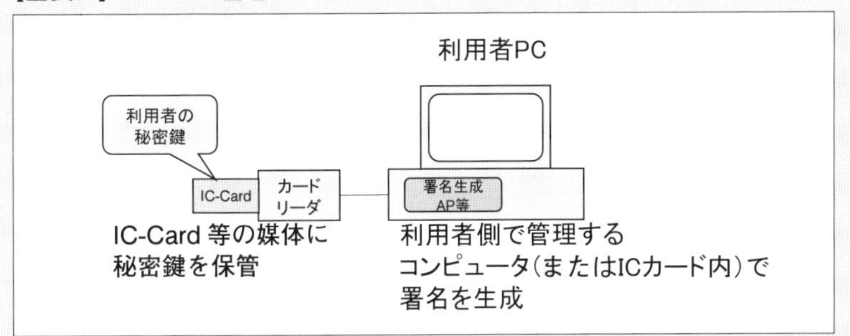

【図表23】リモート署名

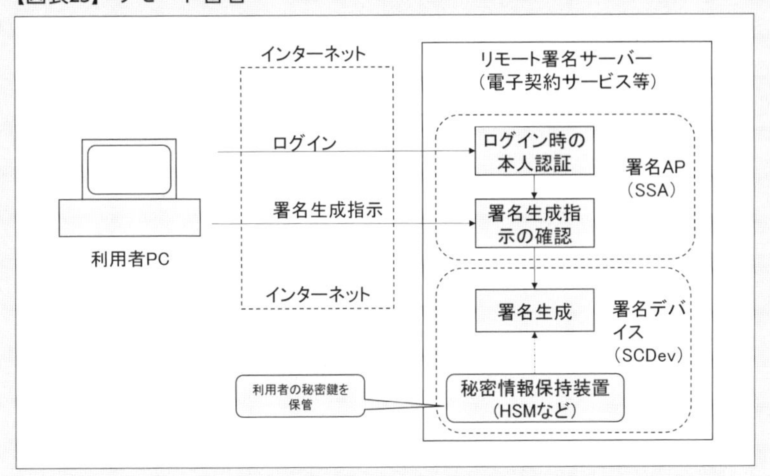

ローカル署名であれば、秘密鍵を保持する利用者本人が電子署名を生成したと考えることができる[7]が、リモート署名で電子署名を生成する場合には、リモート署名サーバーの運営が正当であると証明できなければ、利用者本人の意思による電子署名であるとは言えない。このため、訴訟等で本人の意思であることを第三者に示せるようにするための要件を策定する必要がある。

この点、欧州では、リモート署名の要件を整理し、EN419 241等のETSI規格を制定している。これらを、eIDASの下位規則から参照される形でと

7）押印については、本人の印鑑による印影があれば、本人による押印が推定される（最判昭和39年5月12日民集18巻4号597頁）。ローカル署名も同様に考えることができそうである。

りこむことにより、リモート署名がトラストサービスの一環をなす仕組みとなっている[8]。ここでは、リモート署名サーバーを、秘密鍵を保持し電子署名を生成する暗号モジュール機能（SCDev：Signature Creation Device）と、利用者の認証を行って電子署名生成指示をSCDevに対して行うためのアプリケーション（SSA：Server Signing Application）に切り分けて、それぞれの機能・要件を定めている。また、秘密鍵は、HSM（Hardware Security Module）等の極めて安全性の高い方法で保持され、秘密鍵を用いる計算（署名生成）もこの中でのみ行われる。これらを備えることが、本人以外には電子署名生成ができない仕組み（Sole Control）を実現するための要件となっている。

日本では、経済産業省が、電子署名法研究会を開催し、リモート署名の要件を検討してきた[9]。同研究会では、リモート署名のコンポーネントや、その在り方についての一定の見解をまとめている[10]。このような検討をもとにして、総務省のトラストサービス検討ワーキンググループにおいて、リモート署名の証拠性等を保証するための法制度の在り方を検討している。ここでは、欧州のリモート署名の規格等を参考に、電子署名法による認定認証業務との関係なども整理して、日本におけるリモート署名の安全かつ利用しやすい法制度の実現を目指している。

⑵　タイムスタンプ

紙の文書であれ、電子文書であれ、その文書の成立時期の証明が必要になることがある。

例えば、他人の特許の出願前に、その特許に係る実施を行っていた場合には、一定の範囲で特許料を支払うことなく実施し続けることができる（先使用権。特許法79条）。このような場合には、ある年月日に、ある資料が確かに存在していたことを証明する必要がある。この他にも共同研究において、共同研究開始前に既に得ていた知的財産なのか、共同研究の成果なのかを明確にするためには、研究資料の成立日が重要となる。また、過去の電子署名について、その電子署名が電子証明書の有効期間内に行われたことを示すことも必要なことがある。

このような時刻の証明について、従来は、内容証明郵便と公証人による確

８）例えば、総務省プラットフォームサービスに関する研究会トラストサービス検討ワーキンググループ第２回（2019年２月15日）配布資料２－１。小川博久「リモート署名の検討状況」〈http://www.soumu.go.jp/main_content/000600452.pdf〉が参考になる。

９）https://www.meti.go.jp/committee/kenkyukai/mono_info_service.html#denshishomeihou

10）https://www.meti.go.jp/committee/kenkyukai/shoujo/denshishomeihou/h28_04_haifu.html

定日付の付与が行われてきた（民法施行法5条1項）。公証人においては、電子契約記録への確定日付も行うことができる（同条2項）。しかし、料金の問題や使い勝手などから、利用は限定的であった。

タイムスタンプサービスは、（一般的には）民間のサービスで、電子文書の存在日時を証明するものである。タイムスタンプを生成するタイムスタンプ事業者は、正確な時刻を保持しており、利用者の持つ電子文書のハッシュ値[11]と時刻情報を対象に、タイムスタンプ事業者の電子署名を行う（**【図表24】**）。このようにしてできたタイムスタンプ情報（タイムスタンプトークンと呼ばれる）を用いれば、電子文書の成立日時（正確には、遅くともタイムスタンプトークン記載の日時までに成立したこと）を証明できる。

タイムスタンプサービスは、民間サービスなので、そのサービスの正当性についての保証が必要となる。

欧州では、eIDASにて、一定の基準を満たす「適格タイムスタンプ」が規定されている。適格タイムスタンプであれば、訴訟において、時刻の正確性と内容の非改ざん性についての推定が得られる（eIDAS 41条2項）。

日本においては、一般財団法人日本データ通信協会（以下「データ通信協会」という）が、タイムスタンプ事業者の認定制度を行っている。民間の認定ではあるが、法令においてデータ通信協会に認定されたものを用いる旨の記載がある[12]ほか、各種公的ガイドラインにおいても、同協会認定のタイムスタンプの利用が推奨されている。

データ通信協会の認定タイムスタンプであれば、一定の信頼性は認められ

【図表24】タイムスタンプサービス

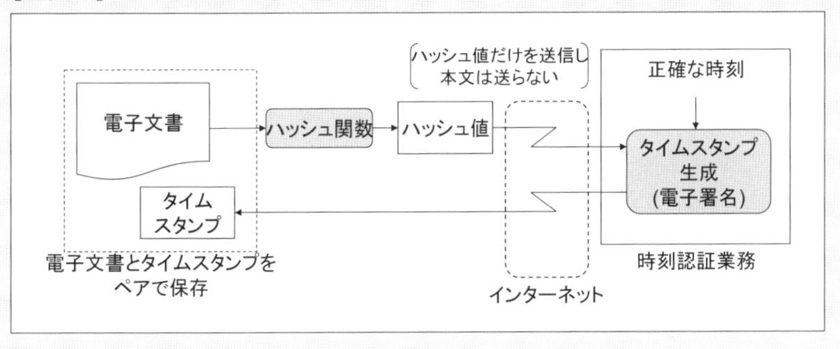

11）当該電子文書から生成される固定長のデータで、電子文書の内容が少しでも変わると全く違う値になる。また、電子文書からハッシュ値を計算するのは容易だが、ハッシュ値をもとにして電子文書を作成すること（いわば逆計算）は事実上不可能な仕組みとなっている。

12）電子計算機を使用して作成する国税関係帳簿書類の保存方法等の特例に関する法律施行規則（電子帳簿保存法施行規則）3条5項2号ロ。

ると考えられるが、eIDASのように訴訟における法的効果が規定されているわけではない。海外での訴訟や、欧州との協調を考えると、日本においても、何らかの法制化が望まれるところである。総務省のトラストサービス検討ワーキンググループでは、タイムスタンプ事業者やタイムスタンプの利用の現状をもとに、あるべきタイムスタンプの法制度について検討を進めている。

⑶　e-Seal

e-Sealは、いわば、組織の電子署名である。

通常の電子署名は、個人の電子署名として行われる。したがって、電子証明書には個人名が記載され、電子文書に電子署名を行えば、その個人の意思表示として扱われる。

しかし、企業等の組織から外部に交付される電子文書には、その組織で作成された電子文書であることが重要であって、作成者等の個人名は重要でない場合も多い。例えば、組織が発行する見積書や請求書、領収書については、組織名が最も重要である。

このように、組織間の取引にあたっては、通常の電子署名のほかに、発行組織を確認できる方法が必要となってくる。特に、2023年10月に導入される、いわゆるインボイス制度[13]においては、電子的な自動処理が重要となるが、その場合には、発行元組織・個人を電子的に確認できる仕組みが必要となる。

電子文書の発行元組織を確認するための方法として、e-Sealがある。Sealというのは、紙にロウを垂らして印鑑状のものを押し付けることにより、押印と同様の役割を果たすものである。個人の印鑑が一般的でない欧州においても、企業や公的機関のSealは広く使われてきた。これを電子的に実現するのがe-Sealである。

e-Sealの利用組織は、組織に対する電子証明書の発行を受けるとともに、秘密鍵を組織内で適切に管理・運用する。このような運用を支えるため、組織に対する電子証明書を発行する機関が必要である。

欧州においては、eIDASにて、適格e-Sealを規定し、電子文書に適格e-Sealが付されていれば、非改ざん性と発行元の真正性が推定されることとしている（eIDAS 35条２項）。

日本においては、e-Sealのための電子証明書発行に関する法令や制度は確立していない。総務省のトラストサービス検討ワーキンググループにおいては、e-Sealの需要や必要性を検討している。前述のインボイス制度導入にあ

13）消費税の仕入税額控除を受けるためには、適格請求書発行事業者が発行する、請求書、領収書等が必要となる。したがって、取引の相手方が適格請求書発行事業者であることについての自動化可能な確認方法が望まれる。

たっては、e-Sealが付された電子請求書等による自動処理が強く期待されている。そのためにも、早期の、法制度確立への期待が高まっている。

(4) Webサイト認証

ウェブブラウザーでWebサイトを閲覧する際に、アクセス先のサイトの認証を行うことができる。認証できたサイトについては、錠前のマークの表示等により、安全なサイトであることが示される。

このWebサイト認証については、米国の業界団体であるCA/Browser Formが定める要件が、Webサイト用の電子証明書のデファクトスタンダードとなっている。この要件を満たすと認められた電子証明書発行局のリストがブラウザ等に搭載されているため、これらの発行局が発行した電子証明書によらなければ、安全なサイトとは表示されない。

欧州では、eIDASで、ウェブサイトの適格電子証明書の要件を定めており（eIDAS 45条）、適格電子証明書とCA/ブラウザフォーラムによる認定との関係の調整を行っている。

総務省のトラストサービス検討ワーキンググループにおいては、政府や関係団体によるブラウザフォーラムへの働きかけを検討している。なお、日本固有の問題として、登記簿に法人の英文名称が書かれていないため、電子証明書の記載事項の英文部分についての正当性確認の方法など課題が残っている。

(5) eデリバリー（電子的な内容証明郵便）

内容証明郵便は、紙文書について、内容及び到達日時を証明するサービスである。これに対応する電子的なサービスがeデリバリーである。欧州においては、適格eデリバリー（qualified electronic registered delivery service）による通知であれば、内容の非改ざん性、送信者と送信時刻の真正、指定アドレスへの到達及び送信・受信時刻の正確性についての推定が得られる（eIDAS 43条）。

しかし、このようなサービスの普及には難しい点がある。eデリバリーが行われるためには、受信者がサービスに登録されている必要があるが、受信の事実が証拠づけられることによる受信者の利益が小さいことである。つまり、自分が受け取ったことを送信者が証明できるようにするために、わざわざ、このようなサービスに登録する者がどれだけいるか、という問題がある。社会的に、eデリバリーに登録していない企業は一流とはいえない、等の意識が高まれば、各企業が登録することになろうが、現状は、欧州においても、そのような状況にはなっていないようである。

こうした中で、総務省のトラストサービス検討ワーキンググループでは、他のトラストサービスの進展を踏まえつつ、引き続き検討を進めようとしている。

⑹　電子委任状（属性証明書）

会社代表者等の権限の一部を社員等に付与して、会社の意思表示などをさせるために用いられる電子文書が電子委任状である。電子委任状は、日本独自のトラストサービスであり、eIDASは規定されていない。電子委任状は、個々の取引の権限の委任だけでなく、一定期間の取引の代理（例えば、2019年度の東京都への入札の権限の付与）にも用いられる。いわば、１回限りの切符だけでなく定期券のような委任状も可能である。

通常の電子証明書は、利用者の本人性を確認するために用いられる。これに対して、利用者の属性を証明するための証明書は属性証明書と呼ばれ、電子証明書と同様に規格に記載されてきたが、実際の利用が進んでこなかった。その理由としては、証明書に記載する属性の正当性の確認方法が属性によって異なるため、属性の確認についての統一的な基準を決めにくいという点が挙げられる。

この点で、電子委任状では、属性にあたるものは、委任事項及び権限である。したがって、電子証明書の発行にあたっては、委任者が受任者に委任事項に係る権限を与えていることだけを確認して電子証明書に記載すればよい。このように属性の確認方法が明確なため、通常の電子証明書を発行している事業者にとってみれば、大きな変更なく実施できるものであるといえる。

電子委任状については、電子委任状法が2018年１月に施行された。この法律は、電子委任状を発行する事業者の認定を規定しており、これに基づいて認定された事業者は、認定電子委任状取扱事業者と呼ばれる。認定電子委任状取扱事業者は、会社代表者等から、委任内容や権限を記した書面や電子文書であって、商業登記制度に基づく登録印の押印または電子証明書による電子署名が付されているものを確認して、電子証明書に委任内容や権限を記載する。

したがって、認定電子委任状取扱事業者が発行する電子証明書に記載されている委任内容や権限であれば、非常に高い信頼性を持つこととなる。なお、この委任内容等は、会社代表者による代理権限の表示としてみることができるので、万が一、代理権限がないのに電子証明書に記載してしまった場合には、表見代理（民法109条）として、善意無過失の（実際には代理権限がないことを知らなくて、知らないことについての過失が認められない）第三者は保護される（代理権限があるものとして扱われる）こととなる。

通常の電子証明書の発行にあたっては、厳格な本人確認が必要なことが多い。特に、個人の高額な契約（例えば、住宅ローン）などにあたっては、相当に厳格な本人確認が必要である。このような場合には、戸籍や住民票との照合等の手続きが必要となる。これに対して、電子委任状は、委任者が権限を与えていることだけが確かならよく、受任者の氏名が戸籍と一致する必要性は薄い。そもそも、B to Bの取引で、相手方の担当者の氏名が戸籍と一致しているかどうかを問題にすることはまずないのであるから、会社において通名や旧姓で活動している人が、そのような氏名による電子委任状を利用しても、会社から権限が与えられていることが明らかであれば特に問題はない。つまり、認定電子委任状取扱事業者が発行する電子委任状であれば、受任者の本名等に深くかかわることなく、B to Bの取引に利用可能だということになる。

このように、認定電子委任状取扱事業者による電子委任状の発行は、委任者の意思の確認だけに基づいて可能となるので、今後、B to Bなどの領域で広く利用されるものと期待されている。

Ⅳ　契約マネジメントシステム
――ホームズクラウド

株式会社 Holmes CEO 室室長　酒井　貴徳

1　契約マネジメントシステム「ホームズクラウド」とは

「ホームズクラウド」は、すべての企業にとって最適な契約を実現する「契約マネジメントシステム」である。

企業は、契約上の権利を行使し、義務を履行することで、事業を行う。「事業」＝「契約」の集合であり、契約は、企業の隅々に流れる「血液」である。それにもかかわらず、契約オペレーション全体をマネジメントするという発想はこれまでなかった。その背景には、俯瞰的に契約をマネジメントする部署がなく、その必要性が十分に認識されていなかった事情がある。その結果、ほとんどの企業は、契約に関する様々な課題を放置してしまっている。情報の散逸と属人化、膨大なコミュニケーション・コスト、タスクの抜け漏れなどが頻繁に生じ、事業の成長を阻害している。さらに、契約上の権利・義務が適切に履行されない結果、顧客満足度の低下、取引停止、さらには紛争や裁判に発展する原因になっている。

しかし、いざ契約をマネジメントしようとしても一筋縄にはいかない。なぜなら、契約オペレーションは、多くの契約、取引先、部署、担当者、関連書類が複雑に絡み合っているため、全体像を把握し、俯瞰的にマネジメントすることは不可能に近いからである。

ホームズクラウドは、企業の契約オペレーション全体を最適化し、契約が血液のように企業内を滞りなく巡るようにすることで、事業をドライブさせる。以下では、新しい「契約」の世界観、契約に関する本質的な課題、そして、ホームズクラウドの具体的な活用例を紹介する。

2　新しい契約の世界観

(1)　契約書という「点」を中心とした従前の考え方

これまで、「契約書」と「契約」とは、明確に区別されずに論じられてきた。そして、契約に関するリーガルテックといえば、契約書に関する課題、具体的には、作成・承認・締結・管理に関する課題に対するソリューションを提供するものに限られていた。例えば、契約書の作成支援のためのAI契約レビューシステム、契約書の社内承認フローを構築するためのワークフローシステム、クラウド上で電子契約の締結を可能にするサービス、締結済みの契約を管理するための文書管理サービスなどがこれに当たる。

しかしながら、契約書という点中心の考え方では、「契約」＝「事業」に関する本質的な課題は見えてこない。

(2)　契約は、時系列に沿って「線」のように存在している

契約は、事業の進捗と共に、時系列に沿って「線」のように存在する。すなわち、契約は、①ライフサイクルがある、②様々な関連契約と紐づいている、③様々な部署・人・業務と紐づき、履行される、という3つの本質的な要素から構成される。

以下では、オフィス賃貸事業における契約のオペレーションを例に解説していく（【図表25】）。

(i)　ライフサイクル

契約は、契約書が締結される前から始まり、契約書が締結された後も続いていく。すなわち、契約書の締結前には、必要書類（例えば、申込書や見積書）の提出、担当者間でのやり取りといった契約締結に向けた準備行為が行われる。自社と取引先のやり取りはもちろん、自社内の部署間や、部署内の担当者間でのコミュニケーションも存在する。そして、すべての書類が整い、タスクが完了して、ようやく契約書の作成・承認・締結・管

【図表25】オフィス賃貸事業における利用イメージ──ビジネスの流れと契約業務

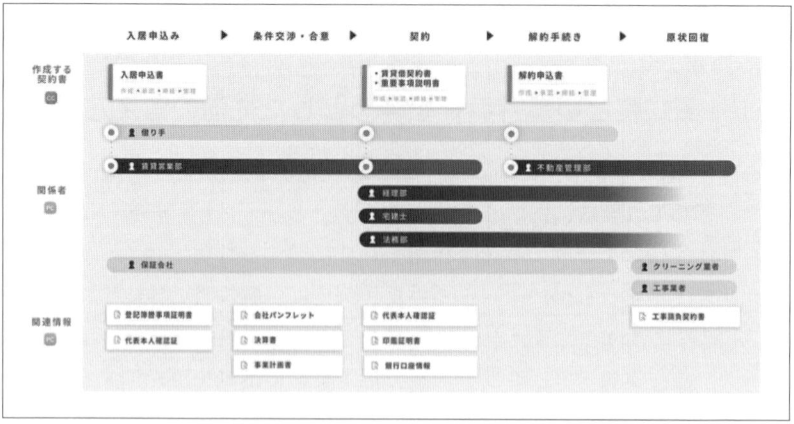

理に移ることになる。しかし、契約は、契約書を締結して終わりではない。事後的に変更契約や覚書を締結したり、更新契約を締結したりすることもある。解約合意書を締結する場合もある。契約終了後に精算を行ったり、一部の条項の効力が存続したりもする。

オフィス賃貸事業の例で言えば、賃貸業者は、まずは入居希望者から入居申込書を受け取る。その後、入居希望者から必要書類（例えば、登記事項証明書、代表者の本人確認書類、会社案内、決算書、事業計画など）を受け取る。必要書類が揃ったら、賃貸業者と入居希望者の間の条件交渉を経て、契約内容が合意される。こうした一連のプロセスを経て、ようやく賃貸借契約書の締結に至る。さらに、締結時にも追加で必要書類（例えば、代表者の本人確認書類、印鑑証明書、賃料引落用銀行口座情報）のやり取りがなされる。さらに、賃貸借契約書の締結後に、契約条件が変更されたり、契約期間終了後に契約更新がなされたりもする。借主から解約申込書を受け取ることで賃貸借契約が終了するが、その後も、敷金・保証金の精算などが行われる。

このように、契約書そのものは、「契約」という時系列に沿って変化するライフサイクルの中の、単なる一つの「点」にすぎない（【図表26】）。

(ii)　契約は、様々な関連契約と紐づいている

あるビジネスを行うためには、複数の契約が結ばれ、相互に関連し合っている。ある契約が別の契約を締結する上での前提条件になっていたり、ある契約が変更されたら、別の契約を変更する必要が生じたりもする。

例えば、オフィス賃貸事業を構成する契約は、賃貸借契約だけではなく、賃料保証契約や、火災保険契約があわせて締結される。さらに、賃貸借契約の終了後には、原状回復工事に関する請負契約などが締結される。

このように、基本となる契約を中心に、付随・関連する契約が多数存在する（【図表27】）。

(iii)　様々な部署・人・業務と紐づき、履行される

契約には、多数の人が関与し、様々な業務を経て、締結・履行される。

オフィス賃貸事業の例で言えば、入居希望者とのやり取りは賃貸営業部が窓口となる。もっとも、入居希望者の審査は審査部が担当し、契約条件審査は法務部が行う。また、契約書を作成・承認・締結するフェーズでは、法務部が契約書の審査を行うだけでなく、法令に基づき宅地建物取引士を関与させたり、各部署を跨いだ承認フローを回したりする必要がある。

【図表26】契約にはライフサイクルがある

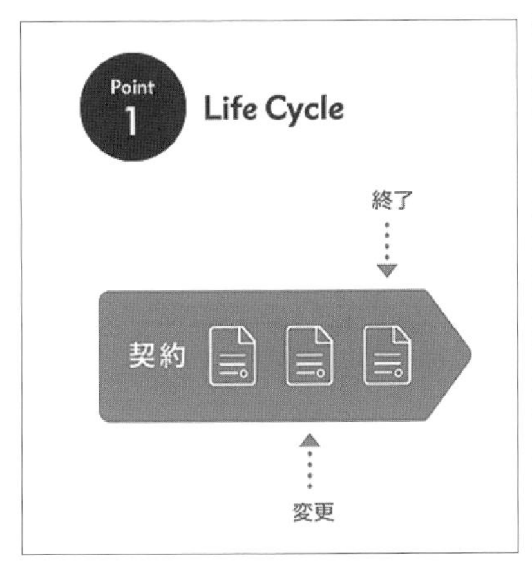

【図表27】様々な関連業務と紐づいている

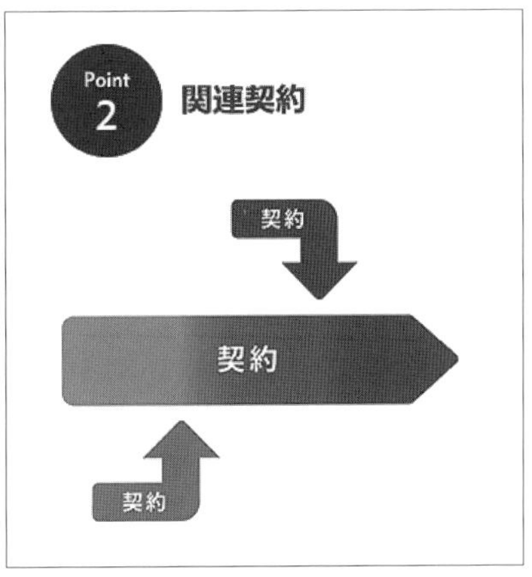

賃貸業者が賃貸借契約を締結する目的は、その契約に基づき、物件を借主に貸し、その対価として賃料を受けとるという権利義務を履行することにある。もっとも、これに付随して、鍵の受渡しやその受領証のやり取り、貸主の管理・修繕義務や、賃貸借終了時における借主の原状回復義務など、様々な付随的な権利・義務も存在する。

この例から理解できる通り、契約には、フェーズごとに多数の部署・多数の担当者が関与し、契約に紐づいた様々な業務が行われる。このような複雑な契約オペレーションを経て、はじめて契約に定められた権利が行使され、また、義務が履行されることになる（【図表28】）。

3　契約にまつわる本質的な課題

このように、契約は、企業が事業を遂行する上で、極めて重要な役割を果たしている。それにも関わらず、契約マネジメントが十分になされてこなかったことが原因で、様々な問題を引き起こしている。

(1)　情報の散逸と属人化

契約に関する情報は、メール、チャット、WordやExcel、紙など、

【図表28】契約に基づく様々な関連業務

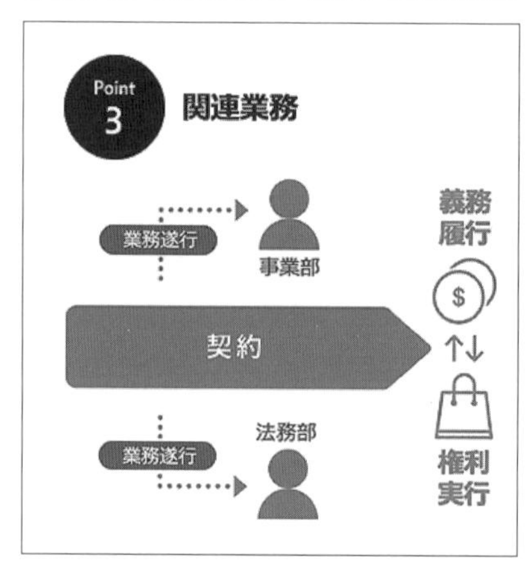

様々な媒体に散逸している。その結果、業務が属人化されてしまい、担当者が異動・退職した場合に、後任者や別の担当者が十分に引き継ぎを行うことができない。時には過去の情報が失われ、会社の誰も問題の契約について把握していないという事態も起こる。また、契約に関する紛争・裁判が生じた場合に、必要な資料が残っていなかったり、探せないといった場合もある。

さらに、親会社からの監査対応や、M&A時におけるデュー・ディリジェンスやPMI（Post Merger Integration）の場面などで、会社の契約関係を第三者に対して詳細に説明しなければならないことがある。たとえ契約書そのものを探し出すことができても、関連契約や変更契約、それらに紐づくコミュニケーションなどを見つけることは困難を極める。そうすると、個別の契約書に関して、追加の質問を繰り返し受け、その度に当該契約の担当者を見つけ出してヒアリングをするといった必要が生じる。そうして、監査や統合作業に膨大なリソースを割かれることとなり、ビジネスに支障を来すということもある。

⑵　膨大なコミュニケーション・コスト

すべての契約は、複数の当事者、複数の部署、複数の担当者が関与して進められる。そのため、必然的にコミュニケーションの量が膨大になる。取引先とのコミュニケーションと一言で言っても、取引先の窓口担当者が１人とは限らず、いつ誰に何を伝えたのかを把握しておく必要がある。また、１つの契約には、営業部、法務部、経理部、納品部、調達部などの複数の部署が関与するため、部署間のコミュニケーションが発生する。さらに、部署内でも、マネージャー・担当者間のやり取りや、休職・退職・異動する担当者と後任の間での引き継ぎなども発生する。

しかし、チャット、メール、ワークフローシステム、掲示板、郵便などの多数のチャネルを利用してコミュニケーションを行っているため、契約に関するコミュニケーションが散逸し、過去のやり取りを即座に探し出すことは難しくなっている。特に、近年普及しているチャットツールは、情報がすぐに流れていってしまうため見つけづらく、また多くの情報が検索に引っかかってしまい、肝心の情報を見つけられない場合も多い。

⑶　タスクの抜け漏れ

事業の進捗と共に、契約に関する様々なタスクが発生する。例えば、企業が従業員を雇い入れる際の雇用契約であれば、様々な書類（例えば、年金手帳、雇用保険被保険者証、源泉徴収票、扶養控除等申告書、健康保険被扶養者異動届、給与振込先届出書、入社誓約書、健康診断書、住民票など）を提出させる必要がある。また、雇用中にも、従業員のステータスが変わるごとに関連書類やタスクが発生する。さらに、退職時にも、別途書類（退職届、健康保険被保険者証、身分証明書、入館証、名刺、通勤定期券、退社時誓約書など）を提出させる必要がある。そして、これらに関して、人事部内に止まらず、現場の責任者や経理部、さらに社会保険労務士等の社外専門家とのコミュニケーションなども発生する。

この通り、たった１人の従業員と雇用契約を結ぶだけでも、これだけの関連書類とタスクが発生する上に、複数の部署にまたがり、多数の担当者が関与する。従業員の少ない会社であれば大きな問題にはならないかもしれないが、例えば、スーパーや飲食店、コンビニエンスストアなど、チェーン展開をしていて、アルバイトやパート従業員の入退社が頻繁に行われるような業態では、雇用契約のオペレーションをマネジメントできるかどうかは死活問題となる。

⑷　ステータス管理が困難

契約には、取引先、複数の部署・担当者、弁護士等の外部専門家といった多数の当事者が関与する。プロジェクトは順調に進捗しているのか、進捗していないとしたらどこで止まっているのか、止まっているのは何が理由なのか。自分の部署内のステータス管理はできたとしても、ひとたびタスクが他の部署に移った途端、たちまち状況が見えなくなってしまう。その結果、部署間でポテンヒットになり、プロジェクトが進まない場合もあれば、事業部門がボールを握ったまま時間を無駄にし、期限が近づいた頃になって突然法務に至急の確認依頼がくるような場合もある。

⑸　ナレッジ・マネジメントの機能不全

法務部は、日々、様々な部署・担当者から多くの質問を受け、回答することに追われている。同じような質問が繰り返しなされて、その都度回答に時間を取られて疲弊することもあれば、同じ法務部員に質問が集中してナレッジが属人化してしまうという問題も発生している。他方、事業部においても、法務部からの回答がなかなか得られず、その分プロジェクトが止まってしまうという自体も生じる。

社内 Wiki のようなナレッジ・マネジメント・ツールを導入しても、当初の目論見通りに活用されることは少ない。社内 Wiki を活用するためには、膨大な情報の中から、いま必要となる情報を探し出すという新たな手間が発生する。さらに、ナレッジを蓄積してアップデートしていくということも新たな負担となる。このような背景から、社内 Wiki があまり使われない、使われないから更新されない、更新されないから使われない、といった悪循環に陥りがちである。

⑹　契約書を電子化しても、契約の本質的な課題は解決しない

契約書という「契約」の線の上のただ一点についての課題を解決したところで、契約の本質的な課題を解決することはできない。例えば、電子契約の形式で契約書をクラウド上に保存しても、何の解決にもならない。すなわち、契約に関するすべての情報が契約書にまとめられているわけではない。そもそも契約書が作成されていない契約も存在する。契約に関するすべての情報（関連書類やコミュニケーション）が紐づけられて保存され、誰でも簡単に経緯や最新の情報を把握できる形になっていなければ、契約に関する情報を管理できているとは言えない。つまり、電子契約をクラウドストレージに投げ込んだとしても、紙の契約書をファイリングすることに、本質的な違いはない。

そもそも、会社を取り巻くすべての契約を、丸ごと紙から電子契約に切り替えることは現実的には不可能である。契約には相手方がいるので、相手方の事情で、紙の契約書に印鑑を押さなければならない場面が圧倒的に

多いからだ。また、法令との関係で電子化が難しいものもある。そうすると、会社が締結する契約書の中に、紙の契約書と電子契約が入り乱れることになり、逆に情報の散逸が進む。

また、契約書の承認のためのワークフローシステムを利用しても、それでは契約オペレーションの中のごく一部のフローしか把握できない。これまでに述べたとおり、契約は、契約書の作成・承認が行われるよりもっと前から始まり、締結がされた後もずっと続いていくからである。

4　契約マネジメントシステム「ホームズクラウド」が提供する本質的なソリューション

このように、契約は事業そのものであり、最適な契約オペレーションが構築できていないことにより、知らず知らずのうちに事業の成長は阻害されている。また、法務部門には、必要以上の負担がかかっている。

このような契約の本質的な課題を解決するためのテクノロジーが、契約マネジメントシステム「ホームズクラウド」である。ホームズクラウドは、これを利用して事業を進めていくだけで、誰でも自然と最適な契約オペレーションを遂行することができるという世界観のもとに開発されている。ホームズクラウドは、事業に必要な複数の契約が絡むプロジェクトを前に進めるプロジェクトクラウド、契約書の作成・承認・締結・管理を簡単にするコントラクトクラウド、そして、契約ナレッジを誰でも自然と使えるようにするナレッジクラウドの3つのプロダクトで構成されている（【図表29】【図表30】）。

(1)　プロジェクトクラウド

プロジェクトクラウドは、プロジェクトに紐づけて文書・人・情報を一元管理することで、契約オペレーション全体のマネジメントを可能にするプラットフォームである。

(i)　プロジェクト単位で契約をマネジメントする

プロジェクトクラウドを利用するにあたり、プロジェクトの立ち上げの

【図表29】“契約マネジメント”とは

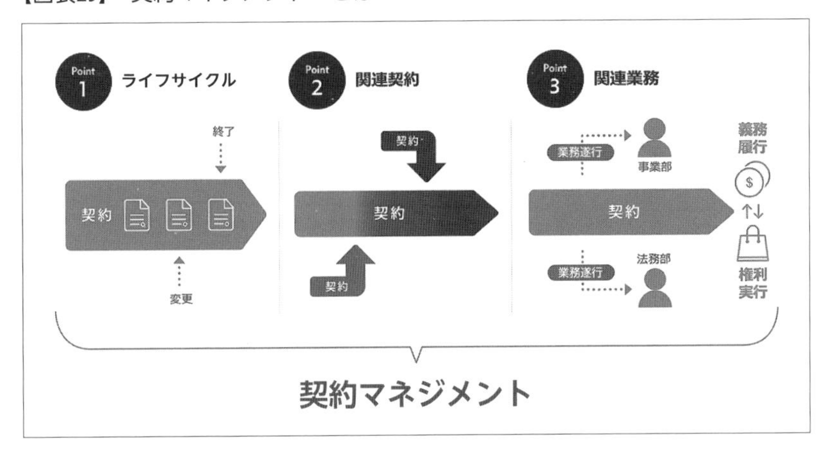

【図表30】他のプロダクトとの違い

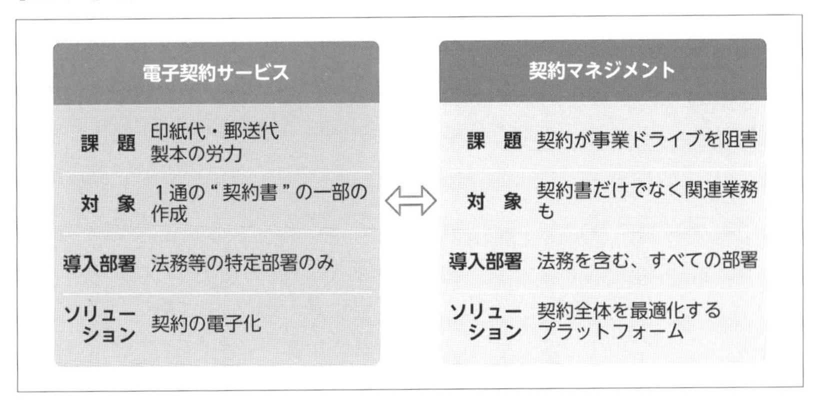

	電子契約サービス	⇔	契約マネジメント
課　題	印紙代・郵送代 製本の労力		契約が事業ドライブを阻害
対　象	1通の“契約書”の一部の作成		契約書だけでなく関連業務も
導入部署	法務等の特定部署のみ		法務を含む、すべての部署
ソリューション	契約の電子化		契約全体を最適化するプラットフォーム

段階で、事業と、法務、その他の関係する部署が最初にプロジェクト全体の設計図を作ることで、プロジェクトメンバーは、組織横断的にプロジェクトの全体像と進捗を俯瞰しながら、業務を行うことが可能になる。

プロジェクトのオペレーションは会社ごと、組織ごと、案件ごとに異なるが、プロジェクトクラウドは、プロジェクトのフェーズやタスクを自由に設計することができる。類似のプロジェクトが繰り返し発生する場合には、過去のプロジェクトのオペレーションをそのまま流用することができる。また、それをベースに、過去の失敗・経験を踏まえて改善を行うこともできる。例えば、従業員を新たに雇用する際の契約オペレーションを構築し、その後雇用するその他の従業員に流用するといったことも可能となる。また、プロジェクトクラウド上に契約書や必要書類のひな型をセットしておくことで、余計なコミュニケーションを減らすこともできる。

なお、契約に限らず、書面のやり取りをすべてホームズクラウド上で完結できるという特徴がある。例えば、株主総会や取締役会の招集手続から議事録の回覧までを、ホームズクラウドを利用して行うことができる。これにより、多数の株主・取締役とのやり取りを一元管理し、そのステータスを一目で把握できる。

ⅱ　フェーズ設定でプロジェクトの全体像と進捗を可視化する

プロジェクトクラウドは、個々の事業やプロジェクトに紐づける形で契約情報を管理できるようになっている。そのため、プロジェクトの進捗やメンバーの動きを確認しながら、契約状況をもれなく把握することができる。すなわち、プロジェクトマネジメントと、プロジェクトに付随して発生する契約を一元管理できるプロダクトである。

オフィス賃貸事業の例で言えば、入居申し込み、条件交渉・合意、契約、解約申し込みといった、プロジェクトの「フェーズ」を設定する。また、各フェーズにおいて必要となる個別のタスクを「チケット」として複数追加することができる。例えば、入居申し込みのフェーズの中に、入居申込書、必要書類の取得、保証会社への審査依頼、不動産管理部門への連絡といったチケットを追加できる。さらに、チケットがどの程度完了しているかに基づき、該当フェーズの進捗が可視化される。また、設定したフェーズに沿ってチケットを完了させて行くだけで、プロジェクトに関連する情報や文書が自動的にホームズクラウド上に整理されていく（【図表31】）。

ⅲ　プロジェクトに関する情報・コミュニケーションを一元化できる

チケット内はスレッド形式となっており、ここに関係するプロジェクト

【図表31】オフィス賃貸事業における利用イメージ

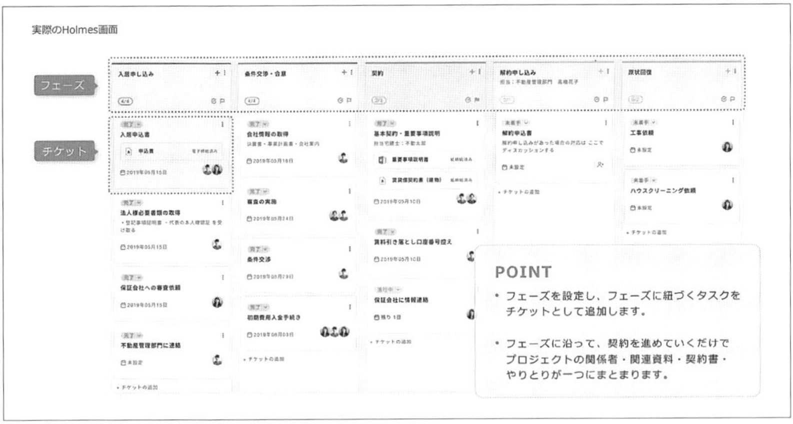

メンバーを追加してコミュニケーションをとったり、メンバーにタスクをアサインしたりすることができる。さらに、スレッド内では、関連ファイルのアップロードやコントラクトクラウド上の契約書を紐づけることもできる（【図表32】）。

(2)　コントラクトクラウド

コントラクトクラウドは、契約書の「作成」「承認」「締結」「管理」をホームズクラウド上でワンストップに行える、契約書業務に特化したデジタルワークスペースである。プロジェクト単位で契約をマネジメントできるプロジェクトクラウドと合わせて利用することで、プロジェクトの進捗やタスク、文書を管理しながら、シームレスに契約書を作成することが可能となる。

(i)　作成：誰でも、ミスなく、簡単に、契約書を作成できる

契約書の作成といっても、取引のたびに一から契約書を作成することは稀である。企業が事業を行う上で繰り返し利用する契約書は、自社または取引先のひな型に基づき行われることがほとんどである。コントラクトクラウドを利用すると、ホームズクラウド上に自社のひな型をテンプレート

【図表32】オフィス賃貸事業における利用イメージ

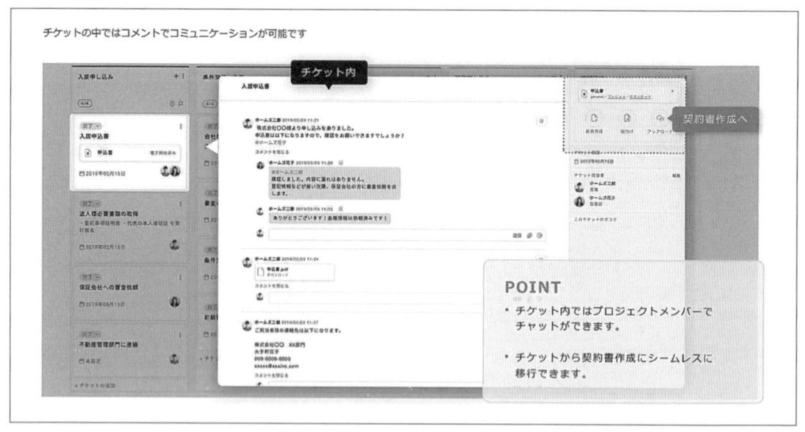

として取り込むことができる。テンプレートは自由に編集でき、テンプレート上に表や図を挿入することもできる。なお、テンプレートを利用せず、Wordファイルでやり取りを行う場合であっても、Wordファイルをコントラクトクラウドにアップロードすることができるので、その後の承認フローや電子締結プロセスをホームズクラウド上で行うことが可能である。

また、テンプレートに紐づけられた入力項目を埋めていけば、誰でも、自然と、自社のひな型通りの契約書を作成できる。そのため、現場の担当者ごとに契約書の記入方法が違うといった事態を避けられる。入力必須項目を設定し、これが入力されない限り社内承認プロセスに回せないように設定できる。そのため、入力漏れを防ぐことができ、取引先・事業部・法務部間での無駄な往復を避け、作業の効率化・スピードアップを実現できる。

さらに、CSVファイルを利用して大量の契約書を一括作成することができる。例えば、一気に数十人、数百人を新卒採用する場合、一人一人のために雇用契約書やその他の必要書類を準備するには時間と労力がかかる。しかし、コントラクトクラウドを利用すれば、雇用契約書その他の関連書類のテンプレートに紐づくCSVファイルを簡単に作成することができる。そこに新入社員の情報を流し込み、CSV ファイルをコントラクトクラウドにアップロードすると、それらの情報が埋められた各人用の雇用契約書その他の関連書類を即座に作成することが可能となる。また、当該CSV ファイルを利用して誓約書や申請書などのその他の関連書類を作成できるので、雇用契約書のみならず、雇用契約オペレーション全体をミスなく、効率的に行うことが可能となる。

(ii)　承認：承認フローを事前に設定して、社内承認を効率化・迅速化

コントラクトクラウドを利用して、それぞれの契約書の承認フローを事前に設定することができる。契約書の承認フローは、部署ごとに異なり、また、契約書の取引金額や内容によっても違う。コントラクトクラウドを利用すれば、管理者が、部署・契約書ごとの承認フローを事前に設定しておくことで、一元的に管理できる。

また、コントラクトクラウド上で契約書の承認依頼を出せば、設定した承認フローに従い、承認依頼メールが承認者に自動的に送信される。そのため、承認依頼に関する無駄なやり取りを減らして業務を効率化できる。

さらに、今、どの部署の誰がその契約書を確認しているかが一目でわかるようになる。長らく止まっている場合にはワンクリックでリマインドを出すことができる。これにより、担当者が自分の手元に契約書があることを忘れていたり、部署間・担当者間でポテンヒットが生じたりすることを防ぐことができる。これにより、リードタイムを短くして売上向上へと繋げることが可能になる。

それぞれの契約書についての承認履歴が記録として残るため、コンプライアンスの観点や事後的にトラブルや紛争が起きた場合にも有用である。

(iii)　締結：電子契約での締結はもちろん、紙での締結にも対応

コントラクトクラウドを利用して、電子契約の形式で簡単に締結を行うことができる。そのため、郵送費や印紙代を節約したり、業務を削減したりするといったこともちろん可能である。

クラウド上で電子締結ができることは当然として、コントラクトクラウ

ドの特徴は、紙での締結にも対応していることにある。すなわち、取引先からの要望や法令の要求などにより、どうしても紙での締結を行わなければならない場合がある。コントラクトクラウドでは、紙の契約書をPDF化してクラウド上にアップロードすることで、電子締結された契約と同じようにホームズクラウド上で管理することが可能となる。

さらに、米国最大手の電子締結システム「DocuSign」と連携している。そのため、せっかく電子締結サービスを導入したのに、国内取引以上に締結にコストと時間がかかる海外案件にも対応できる。

⒤ 管理：契約書とこれに関連するすべての書類・情報を一元管理

コントラクトクラウドを用いて、契約書とこれに関連する情報を一元管理することが可能となる。例えば、契約書の変更履歴、関連資料・添付資料のファイル、契約書の要約、承諾した部署と担当者、関係者のコメントなどの情報を、契約書に紐づく形で残すことが可能となる。

また、タイトルやタグでの検索はもちろん、当事者、契約期間、契約金額、契約内容、担当者などによる検索もできる。さらに、自社独自の検索項目を設定することも可能となる。これにより、契約書が見つからないといった事態を避けられる。さらに、過去の取引をサンプルとして契約書を新たに作成するときにも、類似する契約書を効率的に参照するといったことも可能となる。

契約の更新期日を事前に知らせるアラートを設定することができるので、契約の更新漏れを防ぐことが可能となる。契約更新のタイミングで契約条件について再交渉を行うことがあるが、こういった再交渉のチャンスを逃すこともなくなり、この点からも売上向上・コスト削減に寄与する。もちろん、社内で閲覧制限をかけることが可能なので、守秘性の高い契約書については一定の部署・一定の役職以上の社員しか閲覧できないという設定もできる。

(3) ナレッジクラウド

ナレッジクラウドを利用すれば、「相談」、「ナレッジ化」、「ナレッジ活用」をそのまま行えるようになる。法務部に限らず、事業部が日常的に相談・確認依頼を行う部署、例えば人事、総務、経理といった部署も対象となる。

(i)　効率的な相談の仕組みを構築できる

ナレッジクラウドを利用することにより、事業部が法務部に手軽に相談を行うことができ、法務部による回答も効率化できる。

法務部は、相談フォームを自らカスタマイズできる。これにより、回答に必要な前提情報を得るために行われる無駄なやり取りを減らすことができる。また、法務部内で、相談内容に応じて適切な担当者を割り当てることができる。そして、質問と回答をホームズクラウド上に一元化することにより、コミュニケーションコストを大幅に減らすことができる。

(ii)　相談をそのままナレッジ化できる

ナレッジクラウド上で行われた相談を、やり取りごとにワンクリックでナレッジ化できる。公開範囲を柔軟に設定できるため、守秘性の高い内容も含め、柔軟なナレッジ・マネジメントが可能となる。さらに、法務部のメンバーの回答・ナレッジの作成過程やステータスが可視化されるため、ナレッジの検証や改善も容易になる。

(iii)　ナレッジを自然と活用できる

ナレッジクラウドを、プロジェクトクラウドやコントラクトクラウドと合わせて利用することにより、契約書作成時や、プロジェクトを進める時に強制的に関連するナレッジを表示させられる。さらに、チェックリストを表示させ、チェックを義務付けることでミスや漏れを防ぎ、さらにチェックしたという記録を残すことが可能になる。

(4)　ホームズクラウドの特徴

(i)　各社の現状に合わせた柔軟性

会社の規模、事業内容等によって、「最適な契約オペレーション」は異なる。また、最適な契約オペレーションは、同じ会社でもステージやプロジェクト次第で変化する。 そのため、各社の状況に柔軟に合わせて応用できる契約マネジメントシステムが必要となる。

(ii)　オンボーディング（定着化）の重要性

現状の課題を踏まえ、最適な契約オペレーションを追求し、ホームズクラウドを利用してそれを実現していくことになる。そのために、本格的な運用開始に至るまで、ホームズクラウドのカスタマーサクセスチームとユーザー側のトレイルブレイザー（導入プロジェクトの推進担当者）が二人三脚でホームズクラウド導入プロジェクトを進めることになる。利用開始まで、規模に応じて数週間から2カ月のオンボーディング（定着化）のプロセスを経ることになる。

(iii)　SaaSならではの継続的な機能改善

ホームズクラウドは、SaaS（Software as a service）と呼ばれるサービスである。SaaSは、オンプレミス型のサービスとは異なり、クラウドを通じてサービス提供を行う。これにより、ユーザーからのフィードバックを踏まえて絶えずサービスの改善・アップデートが可能となる。高額な買い切り型のサービスではないため、もしうまく活用ができなければ、利用をやめるという選択肢もある。そのため、システム導入のハードルも相対的に低い。

【参考】米国における「契約ライフサイクルマネジメント」の発展

米国では、近年、契約ライフサイクルマネジメント（Contract Lifecycle Management, CLM）と呼ばれるマーケットが注目を集めている。米国における契約マネジメントのTAM（Total Addressable Market）は、200億ドルとも76億ドルとも言われており、電子契約サービスALSP（Alternative Legal Service Provider）の市場規模を大きく上回る可能性がある。最近では、Icertisという契約マネジメントのスタートアップ企業が、2019年夏にユニコーン（評価額が10億ドル以上の未上場のスタートアップ企業）となった。また、電子署名サービスのマーケットリーダーであるDocuSignが、2018年秋にCLMのSpringCMを2.2億ドルで買収したという動きもあった。このように、米国でも、今後、契約マネジメントシステムの普及が急速に進んでいくものと予想される。

5　最後に

企業は、契約をマネジメントすることにより、最適な権利の行使と義務の履行を実現することができる。そして、それを可能にするためにホームズクラウドは開発された。「契約」は、単なる手間やコストではなく、きちんとマネジメントすればビジネスをドライブさせる強力な武器になるはずである。

Ⅴ　LMS (Learning Management System) を活用したコンプライアンス業務――ライトワークス

金沢工業大学大学院
(イノベーションマネジメント研究科)　客員教授　一色　正彦

LMS（Learning Management System：学習管理システム）は、法務業務に必要な社内の業務基準や教育教材をｅラーニングとして配信し、学習履歴を管理できるシステムである。

さらに、LMSは、法務業務のコンプライアンス業務について、ｅラーニング教材によるコンプライアンス教育に加えて、ｅラーニングの学習履歴、ネットテストとアンケートなどの結果データを分析することにより、人材育成から、コンプライアンス問題が発生するリスクが高い組織を絞り込み、重点的な取組みを行う予防法務にも活用できる。

Ⅴでは、コンプライアンス業務について、株式会社ライトワークス社製LMS“CAREERSHIP®”[14]を活用したコンプライアンス教育とその結果データを用いた予防法務の具体的な取組みを紹介する。

1　アセスメントから始めるリスク分析

法務業務には、次の３つの段階がある[15]。

・第１段階：案件法務

コンプライアンス問題が発生した後、迅速に問題を解決することで、企

14）CAREERSHIP® は、株式会社ライトワークス〈https://www.lightworks.co.jp/company/overview〉の登録商標である。**Ⅴ**のCAREERSHIP® に関する記述は、ライトワークスの許諾を得て、掲載している。

15）一色正彦「コンプライアンス体制の作り方　機能的な組織で問題発生をコントロール」Lightworks BLOG（2018）２～３頁〈https://lightworks-blog.com/compliance-system〉。

業が受けるダメージを最小限にしようとするアプローチである。案件法務は紛争処理法務、または臨床法務とも呼ばれている。案件法務には、社内で発生したコンプライアンス問題から、訴訟になった場合の社外の弁護士に依頼して対応するところまでが含まれる。コンプライアンス問題はいつ発生するかわからないので、発生したことをできるだけ早く把握し、迅速な初期対応と的確な問題解決が求められる業務である。

・第2段階：予防法務

コンプライアンス問題の潜在的なリスクを分析し、そのリスクに対して適切に対応できる仕組みや仕掛けを準備しておくことによって、組織的にコンプライアンス問題の発生を予防するアプローチである。

・第3段階：戦略法務

戦略法務は、案件法務や予防法務とは視点が異なる。戦略法務とは、企業の経営判断に対して、コンプライアンスの視点から、行うべきか否かを判断することである。そのため、戦略法務を実現するには、経営判断の基準の中にコンプライアンスの判断が組み込まれている必要がある。具体的には、コンプライアンス担当の取締役の設置や、第三者がコンプライアンス問題を監視する仕組みなどの方法が挙げられる。

この3段階のうち、Vでは、LMSを活用したコンプライアンスの予防法務について取り扱う。予防法務を実現するためには、リスクを制御しようとするアプローチである「リスクコントロール」と、リスクに資金的な手当てをしようとするアプローチである「リスクファイナンス」から構成される経営戦略の手法である「リスクマネジメント」を実施することが重要になる。

リスクマネジメントは、リスクの確認、測定、評価によるリスクアセスメントからスタートする。リスクマネジメントの5段階プロセスは、以下である[16)]。

・リスクマネジメントの5段階プロセス

① リスクの確認

② リスクの測定

---

16) 亀井利明＝亀井克之『リスクマネジメント総論〔増補版〕』(同文館出版、2009) 15頁。

③　リスク処理技術の選択
④　リスク処理の実施
⑤　リスクマネジメントの統制

案件法務は、コンプライアンス問題が発生してから、上記の「①リスクの確認」（リスクの対象と損失原因の確認）、②「リスクの測定」（リスクのトータルコストの測定）、「③リスク処理技術の選択」（リスクコントロールとリスクファイナンスの構成から、リスク処理技術を選択する）、「④リスク処理の実施」（選択したリスク処理技術を実施する）までを行う業務である。

一方、予防法務は、過去に発生したコンプライアンス問題の①から④までを分析し、リスクの頻度と大きさに合わせて対応を考えて仕掛けや仕組みを作り、「⑤リスクマネジメントの統制」（リスクマネジメントのPDCA（Plan、Do、Check、Action）サイクルを行う）を継続的に行う取組みである。

そして、予防法務を実現するには、以下の要素について、リスクマネジメントを目的とした設計を行うことが重要である。

(1)　アンケート

コンプライアンス業務に関するアンケートは、通常、教育の学習効果を調査するために用いられている。コンプライアンスの集合研修やｅラーニングの学習後のアンケートは、形式的に、「良かったか」、「悪かったか」というような統計的に分析するのが困難な設問で取得されているケースも多い。リスク分析のデータとして活用するためには、“何を目的としてアンケートを取得するのか”、そして、“その目的を実現できる質問文と選択文を検討し、その結果をどのようにして統計的に分析して活用するか”というアンケート設計が重要である。

また、アンケートは、事前に社員に対して、学習したい法分野や興味のある法分野を聞き、その結果データに基づき、学習プログラムを作り、ｅラーニング教材を配信することにより、社員の学習意欲を刺激するコンプライアンス教育の企画にも活用できる。事前アンケートを取得し、ｅラーニング後と、学習後に事後アンケートを取得すれば、事前の期待値がどの程度満たせたかを比較分析して、学習効果を検証することができる。

さらに、コンプライアンス意識実態調査のようなコンプラインス問題の発生リスクを調査するためのアンケートは、設問を工夫すれば、コンプライアンスに対する会社の考え方や方針の啓発、さらに、潜在的なコンプライアンスのリスクがあるか否かを分析することもできる。定期的にアンケートを取得すれば、経年変化を分析することが可能であり、リスクマネジメントの手法としても活用できる。

(2) eラーニング

コンプライアンスのeラーニングは、汎用のコンテンツを使用する方法と自社でオリジナルのコンテンツを作成する方法がある。コンプライアンス問題は、判断に迷う微妙なケースが多い。そのため、いずれの場合でも、過去のトラブル事例を分析し、その事例から学べる教訓を教材として活用する方法が有効である。事例教材を用いることは、次のような価値がある。

・学習意欲を刺激できる

教育学者のジョン・M・ケラー教授は、学習意欲に関する研究を行い、「ARCS（アークス）モデル」を提唱している。これは、学習意欲を高める要素を次の4つの概念に分類し、実践しやすい形にまとめたものである[17]。

① 注意（Attention）

学習者の関心を獲得する。学ぶ好奇心を刺激する。

② 関連性（Relevance）

学習者の肯定的な態度を採用し個人的なニーズやゴールを満たす。

③ 自信（Confidence）

学習者が成功できること、また、成功は自分たちの工夫次第であることを確信・実感するための助けとする。

④ 満足感（Satisfaction）

（内的と外的）報奨によって達成を強化する。

過去のトラブル事例はビジネスシーンをイメージしやすいので、学習者

---

17) J.M. ケラー著（鈴木克明訳）『学習意欲をデザインする——ARCSモデルによるインストラクショナルデザイン』（北大路書房、2010）（47頁の表3.1のARCSモデルの分類枠、定義、および作業質問）より作成。

の関心を惹き、好奇心を刺激する（＝①注意）。特に、コンプライアンス問題において、話題となった事例や自社と同じ事業を行う企業に発生した事例は、学習者が自社の事業や自分の仕事と関連性を意識しやすくなる（＝②関連性）。

また、トラブルの発生原因を知り、そのトラブルから得られる教訓を見出すことにより、コンプライアンス問題は予防できることを知り（＝③自信）、学んで良かった（＝④満足感）と感じることができる。したがって、過去のトラブル事例から学ぶことは、学習意欲を刺激できる。

・学習効果が高い

教育学者のE.デール教授は、学習方法と学習効果について、次のように提唱している[18]。

① 言葉による受信や視覚による受信のような受動的な学習方法の場合、２週間後、長期記憶に残っているのは10～20％である。

② ディスカッションに参加する、スピーチをする、実際に自分で体験するなど、能動的な学習方法のアクティブ・ラーニングの場合は、長期記憶に残るのは70～90％に向上する。

アクティブ・ラーニングは、主体的・対話的で深い学びとして、文部科学省が学校教育に推奨している教育手法である。事例を用いたeラーニング教材で学習することは、事例を模擬体験することになり、アクティブ・ラーニングとしての学習効果が期待できる。

・実務に応用しやすい

組織行動学者のD.コルブ教授は、「学習とは、知識を受動的に覚えることではなく、『自らの経験から独自に知見（マイセオリー）を紡ぎだすこと』である。」という学習観に基づき、次の４つのステージからなる「経験学習モデル（Experienced Learning Model）」を提唱している[19]。

18）J.M.ケラー著（鈴木克明訳）・前傾注17）47頁の表3.1のARCSモデルの分類枠、定義、および作業質問より作成。

19）中原淳編著『企業内人材育成入門――人を育てる心理・教育学の基本理論を学ぶ』（ダイヤモンド社、2006）83～84頁。

①　実践のステージ（Active Experimentation）
　学習者は、現場において様々な状況に直面する。そして、即興的な対策を用いながら、それらを乗り越えていく。

②　経験のステージ（Concrete Experience）
　実践体験のなかで、学習者はその後の活動に役立つようなエピソード的経験（成功体験・失敗体験）を積んでいく。

③　省察のステージ（Reflective Observation）
　但し、学習者は「自分にとって何が役に立つ経験か」を抽出できない。現場の状況に埋め込まれているからだ。そこで、実践体験を振り返り、その後の活動に役立つと思われるエピソードを抽出することが必要となる。

④　概念化のステージ（Abstract Conceptualization）
　抽出したエピソードについて検討を進め、学習者はその後の活動に役立つ独自の知見（マイセオリー）を紡ぎだす。但し、これらは普遍的な理論である必要はない。重要なのは、マイセオリーを学習者が自ら構築することにある。

「経験学習モデル」に当てはめると、トラブル事例からトラブルの原因を分析することは、実践・経験のステージを模擬体験することになる。また、その中から、コンプライアンス問題を予防するために必要な教訓を見出すことは、省察のステージであり、そして、具体的な行動に繋げる概念化のステージを経て、予防行動の実践が期待できる。

一方、トラブル事例から効果的な予防法務を行うには、再発性のある事例を選ぶとともに、自社または自分の部署では起きないだろうという「対岸の火事」の意識を持たせないように工夫するとともに、予防効果には限界があるという認識の下で、プログラムを企画する必要がある。

(3)　ネットテスト

テストもアンケートと同様、形式的に集合研修やｅラーニングで学習した知識の確認のみになっている場合が多い。しかし、テストの実施目的を明確にし、テスト問題に妥当性・信頼性を持たせ、社員がストレスなく解答できる形式にする、という要素を満たして設計すれば、予防法務に効果のあるネットテストにすることができる[20]。

次に、効果的なリスク分析を行うためのアンケートとテスト問題の設計について、具体例を紹介する。

(4)　アンケートの設計[21]

研修後のアンケートでよく見られるのが、「今回の研修は良かったと思いますか。」という質問である。この質問は、学習効果やリスク分析を目指したアンケート設計の視点から見ると、質問文の設計に問題がある。

例えば、人事部が主催するコンプライアンス研修に参加した社員が、記名式でこの質問のアンケートに対して回答を求められた場合、“良くなかった”と回答するには勇気が必要になる。また、“良かったか、良くなかったか”、という質問は、回答者が“良かった”と考える基準の差によりバラツキが生じる。そのため、この質問文に基づくアンケート結果は、学習効果の検証やリスク分析を行うために必要なデータとしての精度が不十分である。

例えば、「今回の研修は良かったと思いますか。」という質問に対して、次のような選択文がよく設定される。

(ア)　非常に良かった

(イ)　良かった

(ウ)　どちらでもない

(エ)　良くなかった

(オ)　あまり良くなかった

この事例で問題なのは、(ウ)どちらでもない、という選択文である。このアンケート結果を数値化する場合、例えば、5段階の選択肢であれば、(ア)、(イ)、(ウ)、(エ)、(オ)をそれぞれ、5、4、3、2、1の数字に変換して分析することができる。しかし、(ウ)をどちらでもない、という選択文にする

20) Edgar Dale, Audio visual methods in teaching (3rd ed.), New York, Holt, Rinehart and Winston (1969).

21) 一色正彦「企業コンプライアンスは『アンケート分析』がカギ　研修に活かすポイントとは」Lightworks BLOG (2018) 4～7頁〈https://lightworks-blog.com/compliance-questionnaire〉。

と数値化して評価することができない。

また、アンケートに回答することに積極的でない回答者の場合や、研修後、短時間で強制的にアンケートの回答を求めた場合などには、回答者が選択文をよく読まないで(ウ)を選択する率が高くなる可能性がある。このようなデータが含まれる場合は、数値化して分析したとしても、精度に疑問が残る。

この問題を解決するために、研修内容を肯定的に受け止めた参加者が、研修内容を行動に繋げられそうかどうかを測定するための、具体的な内容を質問する方法がある。例えば、「この研修を同僚にも薦めたい」、「研修テーマに興味が出て、ネットで検索してみた」といったような質問文である。これらの質問文は、学習した内容を肯定的に受け止めたか否かを参加者に問うため、学習効果を検証することができる。

カナダ人の心理学者A・バンデューラは、「ある行動を自分自身がうまくやり遂げられるかという自信である“セルフ・エフィカシー”(self-efficacy：自己効力感)」理論を提唱した。セルフ・エフィカシー理論はもともと、依存性治療の効果を計る場合など、臨床医療の現場で活用されていた。しかし現在では、研修などの教育による学習効果の分析にも活用されている。

セルフ・エフィカシー理論では、学習目標に関連する事項に対して、自信があるか否かの陳述文を読み、それにどれだけ同意できるかという同意の度合いを段階的に質問し、それを数値化して分析する方法を採用している[22)]。

例えば、コンプライアンスに対する潜在的なリスクに関する次のようなアンケート設問の例である。

・質問1－1

　あなたの職場では、コンプライアンスの問題になるような事例が潜んでいると思いますか。

・回答

　(1)　強くそう思う

　(2)　そう思う

22）山本敏幸＝田上正範著「交渉学の授業・ワークショップの成果を可視化する手法の研究——学習者の達成度・自信度をセルフ・エフィカシーにより可視化——」日本説得交渉学会第3回大会発表論文集（2010年11月28日）34 ～ 36頁。

⑶　どちらかと言えばそう思う
⑷　どちらかと言えばそう思わない
⑸　そう思わない
⑹　強くそう思わない

回答の選択肢は、⑴から⑶が肯定的な回答、⑷から⑹が否定的な回答になる。精度を高めるためには、次のような同じ意味の逆の質問を行い、両方のデータの平均値を求める。

・質問１－２
　あなたの職場では、コンプライアンスの問題になるような事例が潜んでいないと思いますか。
・回答
⑴　強くそう思う
⑵　そう思う
⑶　どちらかと言えばそう思う
⑷　どちらかと言えばそう思わない
⑸　そう思わない
⑹　強くそう思わない

これらの選択肢を集計するときは、質問１－１に対しては、「⑴　強くそう思う」を６点、「⑵　そう思う」を５点、「⑶　どちらかと言えばそう思う」を４点、「⑷　どちらかと言えばそう思わない」を３点、「⑸　そう思わない」を２点、「⑹　強くそう思わない」を１点として集計する。

さらに、質問１－２については、逆に、「⑴　強くそう思う」を１点、「⑵　そう思う」を２点、「⑶　どちらかと言えばそう思う」を３点、「⑷　どちらかと言えばそう思わない」を４点、「⑸　そう思わない」を５点、「⑹　強くそう思わない」を６点として集計する。

そして、両方を合計して、全回答の平均値（評価得点を合計して人数で割った値）を求める。質問文に肯定的な質問と否定的な質問を混在させてあり、「分岐値」3.5（※）を超えていれば、肯定的な回答であったと評価で

きる。※分岐値 =（1 + 6）÷ 2 = 3.5

さらに、複数回のアンケートを取ってその平均値同士を比較し、統計的に意味がある差があるか否か（有意性）の特徴を分析するとさらに、精度が向上する[23]。

特に、コンプライアンスのリスク分析に効果的なアンケートの例としては、次のような趣旨の質問がある。

・経営幹部からよくコンプライアンスに関するメッセージを聞いている。
・経営幹部に違反情報が迅速に伝わると思う。
・コンプライアンスについて疑問がある場合は上司に相談しやすい。
・コンプライアンスについて困ったときに、上司以外で社内のどこに相談したらよいかを知っている。
・仕事を進めるうえで、自社の行動規範・行動指針を意識している。

また、アンケート結果を、継続的に取得することにより、経年変化を比較分析することができるため、定期的に継続して取得し、分析することが望ましい。

(5)　テスト問題の設計

テストには様々な種類があるが、代表的なテストは、以下である[24]。

・テストの種類と特徴

〈事前テスト〉：学習コースを受講する前に、学習者の知識レベルを測定するためのテスト。テストの名称として「チェックテスト」が使われることもある。事後テストと対をなすことが多い。

〈事後テスト〉：事前テストの結果と比較することで、学習者の知識の獲得度合いを測る。事前テストと同じ問題を出題することもある。

〈確認テスト〉：学習単元ごとにその理解度を測ることを目的としたテスト。ボリュームの大きな教材の場合には、「章末テスト」の名称で実施されることが多い。

23）「『統計学的に有意」とは何を意味しているのですか？」（実験医学 online）〈https://www.yodosha.co.jp/jikkenigaku/statistics/q1.html〉。

24）『e ラーニング大百科　教育担当がこっそり開くパーフェクトガイド !!!』「6. 教材を作る」（ライトワークス、2018）52頁。

〈修了テスト〉：学習コース全体についての理解を測り、設定した基準点を超えた場合には修了とするテスト。eラーニング教材の修了条件の一つとなる。テストの名称として、「総合テスト」が使われることもある。

代表的な出題形式には、○×式、択一式、複数選択式、記述式などがある。コンプライアンス問題では、判断に迷う微妙なケースも多く、実際のトラブル事例に基づき作成された事例問題を用いることが有効である。

下請法の問題について作成した事例問題の作成方法とサンプルを紹介する[25)]。

・パターン１：設問の正誤を問う問題

最初は、設問の正誤を問う問題のサンプルである。まず、設問に答える回答者の立場を指定する。そのうえで、具体的なビジネスシーンで判断に迷うような場面を設定する。このパターンは、法令の基礎を理解しているための知識を問う問題を作る時に有効である。

例えば、下請取引の対象を理解しているかを問う問題のサンプルは、次のようになる。

・サンプル問題１[26)]：

あなたは、マーケティング部門で、商品の販促物を作成する担当者である。下請事業者への製品の設計図やデザインの発注は下請法の適用を受ける取引だと考えているが、販促用の商品カタログやポスターは対象外だと考えている。

(ア)　正しい理解である

(イ)　誤った理解である

（正解　(イ)）

25）一色正彦「コンプライアンス事例の使い方(2)　自社事例を教育に有効活用するには」Lightworks BLOG（2018）５～８頁〈https://lightworks-blog.com/compliance-edu-in-house-case-study〉。

26）「よくある質問コーナー（下請法）（販促用のポスター等）Q10」（公正取引委員会）に基づき作成〈https://lightworks-blog.com/compliance-edu-in-house-case-study〉。

（解説）

これは、下請取引の対象に関する問題である。下請取引の対象となる「情報成果物」には、カタログやチラシの原稿、ポスターの原画の作成等が含まれる。また、カタログ、ポスター、チラシの印刷等を依頼することは、下請取引の対象となる「物品の製造」になる。したがって、正解は、(イ)である。

・パターン２：選択肢の正誤を問う問題(1)

次は、複数の選択肢の正誤を問う問題である。場面の設定方法はパターン１と同じである。しかし、選択肢を３つにすることにより、難易度を上げている。また、選択肢を同僚が会話する設定にすることにより、学習者の親和性を持たせる設計としている。例えば、下請取引の対象を理解しているかを問う問題のサンプルは次のようになる。

・サンプル問題２：

あなたは、システム開発の担当者である。開発中のシステムに組み込むソフトウェアの一部を下請法の適用を受ける取引先に発注することになった。この事例について、あなたの同僚が以下の会話をしている。次のうち、最も適切な発言はどれか。

Ａさん「ソフトウェアは、発注時に最終仕様が決まっていないことが多いが、それでも、発注時に注文書は、必ず交付しなければならないはずだ。」

Ｂさん「最近は電子メールで発注することも多く、下請先に聞かなくても、電子メールで代用しても問題ないと思う。」

Ｃさん「緊急の場合であれば、下請先の承諾を得ておけば、口頭で発注し、発注代金の支払期日までに注文書を交付すれば良いと思う。」

(ア)　Ａさん　(イ)　Ｂさん　(ウ)　Ｃさん

（正解　(ア)）

（解説）

これは、下請事業者への発注に関する問題である。発注は、原則として書面の交付が必要である。緊急時などやむを得ない場合は、口頭でも発注できるが、直ちに書面の交付が必要である。また、電子メールなど電磁的方法による発注も可能だが、事前に下請事業者から承諾を得る必要がある。

(ア)について、問題文の通りである。（○）

(イ)について、事前に下請事業者の承諾が必要である。（×）

(ウ)について、口頭での発注後、直ちに書面の交付が必要である。（×）

したがって、正解は(ア)である。

・パターン３：選択肢の正誤を問う問題(2)

このパターンは、パターン２と同じ設定だが、選択肢を４つにすることにより、さらに、難易度を上げている。このパターンでは、選択肢の数により、難易度を調整することができる。学習前にパターン２の設問を用いて、学習後にパターン３の設問で理解を確認する時などに有効な方法である。

・サンプル問題３：

あなたは、システム開発の担当者である。開発中のシステムに組み込むソフトウェアの一部を下請法の適用を受ける取引先に発注することになった。この事例について、あなたの同僚が以下の会話をしている。次のうち、最も適切な発言はどれか。

Ａさん「最近は電子メールで発注することも多く、下請先に聞かなくても、電子メールで代用しても問題ないと思う。」

Ｂさん「緊急の場合であれば、下請先の承諾を得ておけば、口頭で発注し、発注代金の支払期日までに注文書を交付すれば良いと思う。」

(ア)　Ａさんが適切　(イ)　Ｂさんが適切　(ウ)　両方とも適切　(エ)　いずれも不適切

（正解　(エ)）

（解説）

これは、下請事業者への発注に関する問題である。発注は、原則として書面の交付が必要である。緊急時などやむを得ない場合は、口頭でも発注できるが、直ちに書面の交付が必要である。また、電子メールなど電磁的方法による発注も可能だが、事前に下請事業者から承諾を得る必要がある。

A さんについて、事前に下請事業者の承諾が必要である。（×）

B さんについて、口頭での発注後、直ちに書面の交付が必要である。（×）

したがって、正解は(エ)である。

このようなパターンで作成した問題は、ネットテストの問題以外にも、【図表33】の画面のような e ラーニングの問題としても活用できる[27]。

【図表33】下請法の e ラーニングサンプル

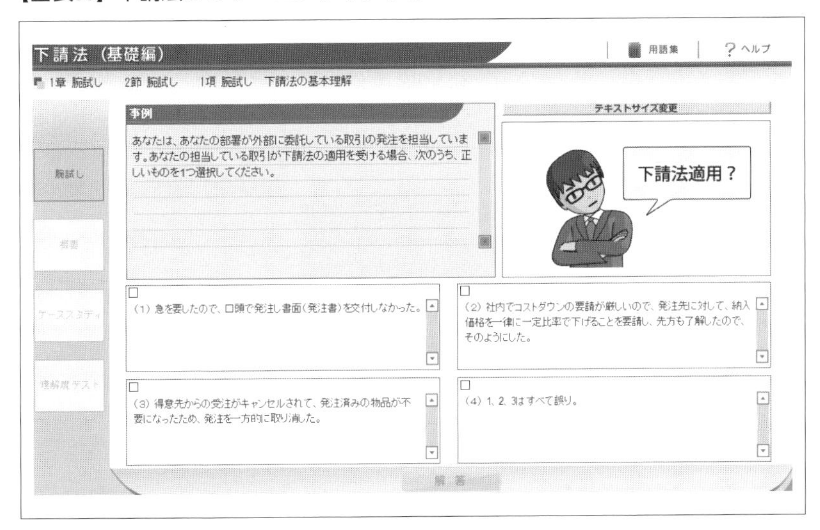

27）Lightworks e ラーニングコンプライアンスシリーズ「『下請法（基礎編）』1章腕試し 2節腕試し 1項腕試し 下請法の基本理解」。

2　重点部門の絞込みと予防法務モデル

次に、リスク分析のモデルと実例をご紹介する。前述のアンケート、ｅラーニング、ネットテストに、内部監査、コンプライアンス意識実態調査などの比較可能なデータを用いて、コンプライアンス問題の潜在的なリスクがある部門を絞り込むことができる。この方法の概念は、**【図表34】**のようになる[28)]。

ｅラーニングの後、ネットテストやアンケートを使って学習効果の測定と、課題の抽出を行う。しかし、そのデータのみでは組織単位の特徴が見つかりにくいため、内部監査やコンプライアンス意識実態調査など他のデータとの比較分析を行う。

その分析に基づき、重点的に教育などの対応をすべき“重点課題部門”

【図表34】学習結果データと連動させる（イメージ図）

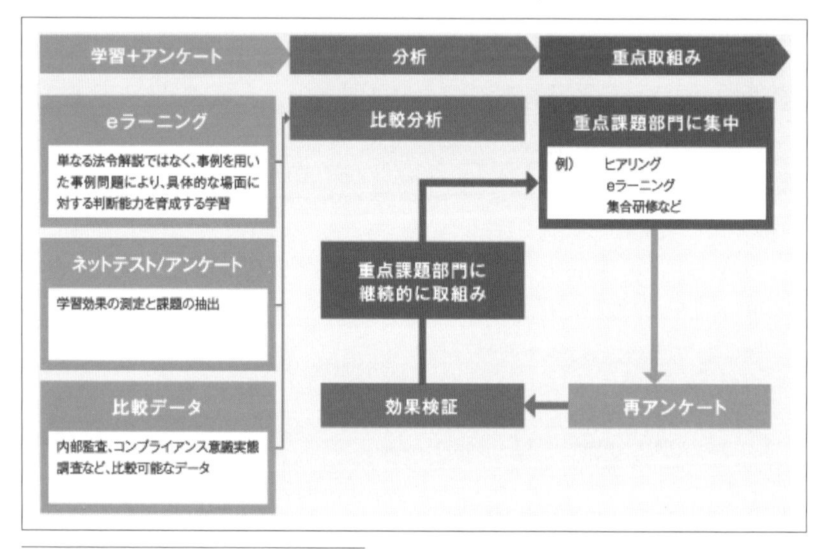

28）一色正彦「コンプライアンス 研修で全社に浸透させる５つの方法 カギは『学習管理』」Lightworks BLOG（2018）８頁〈https://lightworks-blog.com/compliance-penetration〉。

を絞り込む。絞り込んだ部門のすべてが潜在的なリスクを持っているか否かはケースバイケースだが、大きな組織の母集団から、一定の根拠でリスクの対象が絞り込めることは有意義である。

絞り込んだ部門に対しては、課題となっているテーマにより、ヒアリングや重点テーマのｅラーニング、集合研修などをおこなう。そして、過去の学習結果と比較し、再度、アンケートを取得してその内容を分析する。

分析の結果から、いくつかの原因が考えられる。知識不足や業務ミスなどの「過失」であれば、コンプライアンス教育や業務プロセスの見直しが有効である。一方、コンプライアンス問題があると知りながら、業務のために仕方なく、もしくは個人の利益のため、という「故意」の場合は、経営幹部の明確な意思表示や違反者に対する懲戒などの人事的な措置も必要になる。

また、会社全体としての施策は、リスクの度合いにより検討する必要がある。リスクの度合いを重要度ＡからＣに振り分けて考えると**【図表35】**のような関係になる[29)]。

【図表35】重要度の定義例

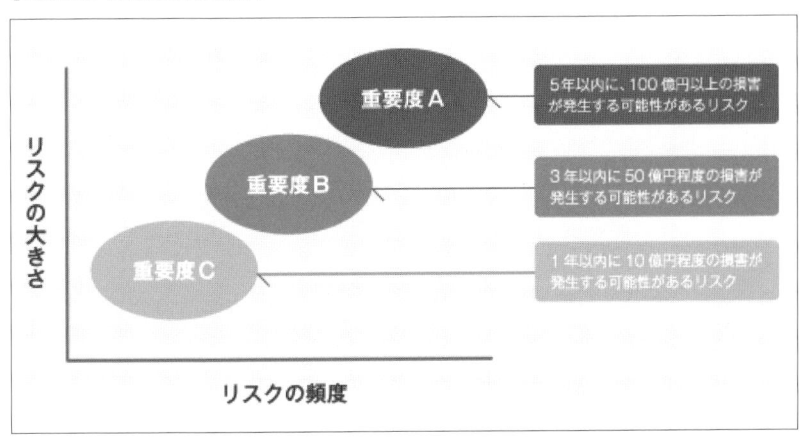

29）一色正彦「コンプライアンス 研修で全社に浸透させる５つの方法 カギは『学習管理』」Lightworks BLOG（2018）９頁〈https://lightworks-blog.com/compliance-penetration〉。

リスクの重要度は、「リスクの頻度」と「リスクの大きさ」の２軸を基準にして決めている。例えば、グローバルに事業展開を行う大企業の場合であれば、５年以内に、100億円以上の損害が発生する可能性があるリスクを重要度Ａとし、３年以内に50億円程度の場合は重要度Ｂ、１年以内に10億円程度の場合は重要度Ｃとする考え方である。

法分野で考えると海外比率の高いメーカーであれば、安全貿易（輸出）管理や独占禁止法違反となるカルテルの問題が潜んでいた場合は、重要度が高くなる。

組織が大きく、人員が多くなると潜在的なコンプライアンス問題がどこに潜んでいるのかを見つけるのが難しくなる。しかし、問題が発生した後の案件法務の対応には限界があり、一定の損害を前提に、その範囲や金額を縮小するのが精一杯となる。

一方、LMSを活用したデータ分析により、潜在的なリスクのある組織をある程度でも絞り込めれば、重点的に予防に取り組むことにより、コンプライアンス問題が発生する可能性を低くすることが可能である。

具体例として、ネットアンケートにより、継続的にコンプライアンス意識実態調査を行った取組み事例を紹介する。**【図表36】**は、コンプライアンス意識実態調査を全社員（部門Ａ～Ｏ）に継続的に行った結果の推移表である[30)]。

組織の健全性を示す以下の３つのアンケートに対する好意的な回答率について、部門毎に３年間の経年変化を表している。

①　経営幹部によるコンプライアンス発信

②　職場は事業推進とコンプライアンスのどちらを優先

③　不祥事・違反情報の経営幹部への迅速な伝達

例えば、部門Ａは、継続的な取組みにより、３年連続で高い好意的な回答率を維持している。一方、部門Ｂ、Ｅ、Ｏは、この数値のランキングから、幹部の情報発信やコンプライアンス違反に対する相談しやすさなどに課題があることを認識し、部門内の取組みを強化し、その結果、好意的

30）2013年１月20日、消費者庁主催「公益通報者保護法説明会」配布資料、「自浄作用を高める取組み～社会に信頼される会社に～」パナソニック株式会社、風土は変わる！コンプライアンス意識実態調査推移、38頁。

回答率が上昇している。しかし、部門ＧやＫのように、コンプライアンスの取組みが不足し、好意的回答率が継続的に下降している例もある。

コンプライアンス業務の効果を上げるためには、このような具体的な数値指標に基づく継続的な取組みが有効である。LMSは、このようなデータを収集し、分析できる有効なシステムである。

【図表36】コンプライアンス意識実態調査（サンプル）

風土は変わる！　コンプライアンス意識実態推移

順位	今年	昨年	2年前	3年前
1	A	A	A	A
2	E	B	C	D
3	B	C	D	C
4	C	D	H	H
5	D	E	I	I
6	H	F	B	K
7	F	G	F	F
8	O	H	E	E
9	L	I	K	B
10	K	J	G	M
11	J	K	L	G
12	I	L	N	L
13	M	M	M	J
14	G	N	O	N
15	N	O	J	O

注：コンプライアンス意識実態調査のうち、3つの設問の好意回答率(%)の合計
①経営幹部によるコンプライアンス発信
②職場は事業推進とコンプライアンスのどちらを優先
③不祥事・違反情報の経営幹部への迅速な伝達

3　LMS “CAREERSHIP®” の機能と活用方法

次に、学習管理システム（LMS）“CAREERSHIP®” の機能と活用方法について、紹介する。

一般にLMSは、「eラーニングの運用に必要な機能を備えた管理システム」（日本イーラーニングコンソシアム）と定義されており、主な機能として、以下が挙げられている[31)]。

・学習者の登録、変更、削除
・教材の登録、学習者への教材の割り当て
・学習者個人の学習履歴、学習進捗状況、成績の管理
・成績集計、統計分析機能
・情報共有用の掲示板の設置や、学習者に対するメール送信

LMSの基本機能は、社内の業務基準や教材コンテンツを配信して、運用と学習履歴を管理するためのシステムだが、成績集計に加えて、統計分析の機能もある。また、ベンダーによっては、集合研修の管理機能、SNS機能、スキル体系を登録・管理できる機能などを備えるLMSもあり、人材育成全般のITシステムとして多様化している。

LMSを用いた企業向けのeラーニングの基本的な運用イメージは、**【図表37】**の通りである[32)]。

現在は、クラウドサービスの利用が一般的なので、LMS本体とそのデータベースは、通常ベンダー（LMSの製造・販売元）のサーバー上にある。

ライトワークス社が提供するLMS “CAREERSHIP®” は、統合型の人財開発プラットフォームであり、次の３つの特徴がある。

①　配信・権限管理

配信・権限管理が、論理的に、かつ細かい利用シーンを想定して作りこまれており、複雑で大規模な配信や権限を簡単に設定できる。

31）日本イーラーニングコンソシアム「用語集 LMS（Learning Management System）」〈https://www.elc.or.jp/keyword/detail/id=35〉。

32）『eラーニング大百科　教育担当がこっそり開くパーフェクトガイド!!!』「1.eラーニングについて知る」（ライトワークス、2018）11～19頁より作成。

【図表37】LMS の運用（イメージ図）

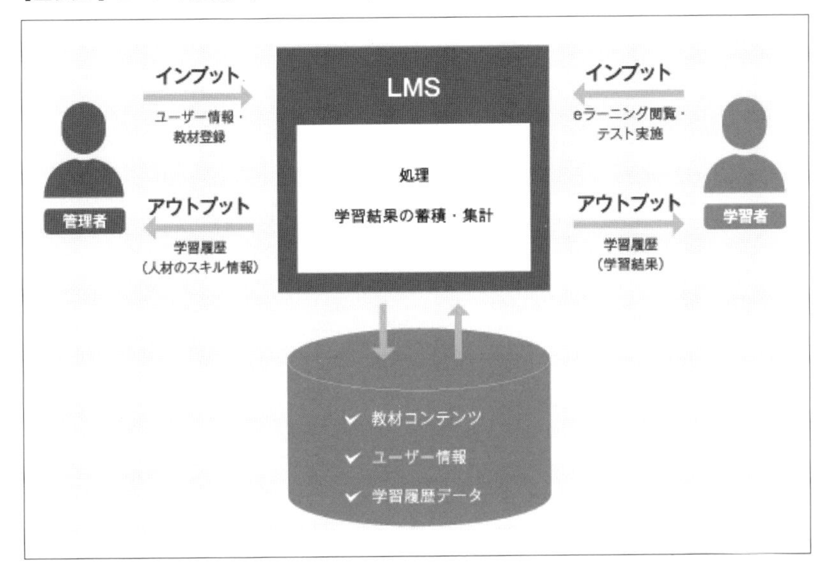

例えば、配信対象者を入社年次、役職、職務、スキルなど様々な項目でくくり、柔軟に配信パターンを調整することができる。

② 統合型システムとしての発展性

学習を管理する機能のみならず、従業員のキャリアを管理する機能や、スキルを管理する機能が搭載されている。これらを活用することで、従業員とのエンゲージメントを強化する施策展開などが可能になる。

③ データ連携

様々なクラウドサービスとの連携に関する実証テストを繰り返しており、IdP（Identity Provider：SAML 認証での認証情報提供者[33]）側の状況を把握したうえで、連携を提案・実現できる。

例えば、人事データベースに連携すれば、LMS のユーザー情報を入

33) IdP とは、OSS でのシステム構築・デージーネットである〈https://www.designet.co.jp/faq/term/?id=SWRQe〉。

手しなくても自動で最新状態を維持できる。また、既存の別のシステムで発行しているアカウントをそのままLMSに利用することが可能になる。

特に、Vで取り扱っているコンプライアンス業務のデータ分析について、蓄積したデータベースに基づきレポートを出力できるBI（Business Intelligence）ツールと人材開発戦略に応じたAI（Artificial Intelligence）ソリューションを顧客の要望に応じたカスタマイズを行い開発・提供が可能である（【図表38】）。

また、ライトワークス社は、企業のコンプライアンス教育に関して、CAREERSHIP® を用いて、次のような総合的なサービスを提供している。

①　コンプライアンス意識に関する実態調査の実施

従業員のコンプライアンスに関する意識を調査し、組織に潜む脆弱性を明らかにする。

②　スキル診断（理解度チェックテスト）の提供

eラーニング教材を利用し、従業員のコンプライアンスに関する理解

【図表38】BIツールとAIソリューション（イメージ図）

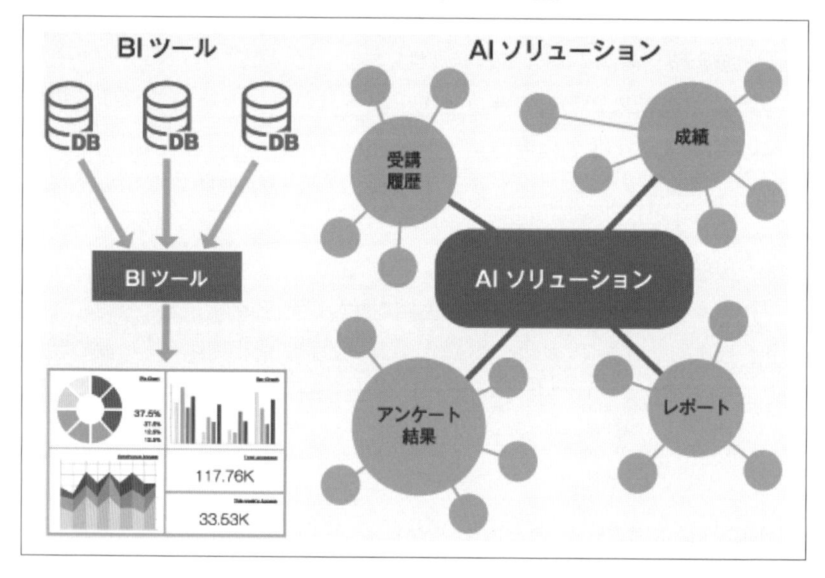

度をチェックする。

③　コンプライアンス関連のｅラーニング教材の提供

CSR エッセンシャル、コンプライアンス、ハラスメントについてのｅラーニング教材をそれぞれシリーズで提供する。

④　教材の受託開発

2,000件近い実績を持つ制作チームが、教育ニーズの分析から設計、デザイン、制作まで一貫して請け負う。

⑤　学習管理システムの提供

導入1,200社の実績を誇るエンタープライズ向け LMS を提供する。

次に、LMS を用いてｅラーニングやネットテストの結果データを蓄積し、それを活用することにより、予防法務の効果を上げる教育プログラムの具体的な方法について紹介する。

ｅラーニングには、学習者と管理者にとって、メリットのある有効なシステムであるが、デメリットと注意事項もある。主な項目は、以下の内容である[34)]。

①　管理上のメリット

・大勢の受講者に教育を届けることができる。
・教育の品質を統一できる。
・時間と場所の確保が不要。
・集合研修に比べて低コスト。
・教育施策にオリジナリティが出せる。
・学習履歴を自動的に取ることができる。
・受講者とのコミュニケーションが簡便。

②　管理上のデメリット

・受講者同士の交流が減る。
・その場で質疑応答ができない。

③　管理上の注意点

・すべての教育をｅラーニング化できるわけではない。

34）「ｅラーニングのメリット・デメリット　管理者と受講者双方の視点で考察」Lightworks BLOG（2018）３～９頁〈https://lightworks-blog.com/e-learning-merit-demerit〉。

・受講者のモチベーション維持に工夫が必要。

・受講環境の整備が必要。

④　受講上のメリット

・いつでもどこでも学習できる。

・自分のペースで学習を進められる。

・繰り返し学習できる。

⑤　受講上のデメリット

・モチベーションの維持が難しい。

・強制感を感じることがある。

・受講するための環境（インターネット接続など）と端末が必要。

この中で、受講者および管理者のデメリットを改善するため、ｅラーニングと集合研修を組み合わせて行う学習方法がある。以下に３つの代表的な方法とその特徴をご紹介する。

(1)　ブレンディッド・ラーニング

ブレンディッド・ラーニング（Blended Learning）は、知識取得やテストなどをｅラーニングで行い、ディスカッションや実地訓練などは集合研修で行うという、２種類の学習方法を併用する研修スタイルのことである。

ブレンディッド・ラーニングは、次のｅラーニングの課題（先に紹介したデメリットや注意点）に対して有効な教育手法である[35)]。

・「受講者同士の交流が減る」に対して

ブレンディッド・ラーニングは、ｅラーニングの後に集合研修が組み合わされているので、受講者同士が直接顔を合わせて交流することができる。

・「その場で質疑応答ができない」に対して

この問題は、ｅラーニング教材の作りや質問窓口、社内SNSなどの運用の工夫でも解決できるが、ブレンディッド・ラーニングの集合

35）一色正彦「ブレンディッド・ラーニングとは 研修とｅラーニングのうまい組合せ方」Lightworks BLOG（2018）３頁〈https://lightworks-blog.com/blended-learning〉。

研修は、その場に講師がいるので直接質問することができる。

また、講師は、受講者のｅラーニングの内容に対する質問を聞いたり、ｅラーニングの内容や確認テストの結果をチェックしたりしておくことで、その受講者が、どの分野の理解度が低いか、どんな課題があるかを事前に知ることができる。ブレンディッド・ラーニングは、講師の立場からも、集合研修のみより効果的な研修を実施できる。

・「すべての教育をｅラーニング化できるわけではない」に対して

ｅラーニングでは不可能なディスカッションやロールプレイなど、集合研修でしか実現できないタイプの学習方法も取り入れることができる。

次に、筆者が企業のコンプライアンス担当として、実際に実施したブレンディッド・ラーニングの事例を紹介する。

この事例は、新入社員から中堅社員を対象に、コンプライアンスの基本となる法律や知財の基礎をｅラーニングで学習した後、オンラインでグループ討議し、最後に、集合研修においてシミュレーションを行うプログラムである。

最後のグループ演習では、ロール・シミュレーション（模擬交渉）を行った。模擬交渉は、①事前準備、②模擬交渉（ロール・シミュレーション）、③感想戦、④フィードバックの手順で行うアクティブ・ラーニングの技法の一つである。模擬交渉は、米国ハーバード大学交渉学研究所の研究に基づくトレーニングプログラム[36] である。以下にプロセスを紹介する。

◆Step 1：ｅラーニングによる個人学習

最初のｅラーニングでは、模擬交渉のケースの前提知識として必要な法律分野を選択する。例えば、最後の模擬交渉において、秘密保持契約のケースを用いる場合は、ｅラーニングでは、契約と情報セキュリティの基礎を学習する。また、意匠権や商標権の侵害を巡る模擬交渉を行う場合は、ｅラーニングでは、意匠法や商標法の基礎を学習する。

36）一色正彦「ハーバード流 Win-Win アプローチの交渉力【交渉シナリオ構築／評価シート付】」Lightworks BLOG（2017）15～16頁〈https://lightworks-blog.com/negotiation2〉。

◆Step 2：オンラインクラスによるネット議論

ネット議論は、議論しやすい４名～５名のグループで行う。議論のテーマとして、eラーニングの学習で疑問に感じたことや感想、事前に配布された模擬交渉のケースに関する確認、同じ役割のグループで模擬交渉の準備の議論などを行う。

◆Step 3：集合研修によるロール・シミュレーション

最後の集合研修では、eラーニングで学習した知識を用いて、ネット議論で整理した論点と模擬交渉の準備に基づき、交渉相手を決めた模擬交渉を行う。

この事例では、集合研修で模擬交渉を行っているが、テーマによっては、オンラインクラスでネット議論した内容を、各グループが発表する演習にすることも可能である。

効果的な運用のために、ラーニングの期限管理には注意を要した。グループで行うネット議論が深まるか否かは、個人学習の進捗状況の影響を受ける。そのため、学習が行われるタイミングとネット議論のスケジュールをよく考えて決めるとともに、適宜、受講者督促機能を用いて、リマインドする必要がある。

また、ネット議論は参加者のみが行うが、定期的に講師が介在する方がベターである。例えば、毎回でなくても、週に１回日程を決めて、議論した内容から講師に質問し、講師からのコメントを受けてオンラインでやり取りする方法である。講師も、各グループのネット議論は、管理者画面で見ることができるので、その内容に対して、必要なアドバイスやガイダンスをすることができる。

この事例では、受講者20名（５名×４グループ）で、eラーニングの期間を２週間に設定し、後半の１週間の段階で、各グループの議論に講師が介在する方法を取っている。そして、最後の集合研修では、講師はeラーニングとネット議論の内容を受けたコメントやフィードバックができる。また、参加者も、個人学習から、オンラインのグループ学習、集合研修のグループ学習と段階的に学ぶことによる学習効果が期待できる。LMSの機能を有効に使うことで、学習効果の高いブレンディッド・ラーニングが実施できる。

(2)　反転教育

反転教育（Flipped Classroom、Flipped Learning）は、従来の「集団講義で学び、自分で確認する」プロセスを「自分で学び、集団で確認する」というプロセスに反転した教育手法である。ブレンディッド・ラーニングの一種であるが、知識の定着・応用に大きな効果が認められ、独立した教育手法として活用・研究されている。

そのため、ブレンディッド・ラーニングと同様に、「受講生同士の交流が減る」と「その場で質疑応答できない」について、同様に有効性がある。

次に、筆者が企業のコンプライアンス担当として、実際に実施した反転教育の事例を紹介する[37)]。

この事例は、マーケティング部門のマネージャーから担当者までを対象に、知財の基本について、ネットテスト（学習前診断）を行った後、集合研修を行い、その後、再度、ネットテスト（学習後診断）により、前提知識を確認する。そして、e ラーニングで学習後、再度、ネットテスト（学習後診断）を行う。

そして、その後行う集合研修では、学習後診断の結果により、レベル分けを行い、グループ編成を決めて、演習を行う。この点が、この反転教育の特徴である。

◆ Step 1：ネットテストと e ラーニング

ネットテストでは、知財に関する各法分野（特許権、意匠権、商標権、著作権）のテストを行う。テストのレベルは、知財に関する基礎的な知識が理解できているかを問う問題である。学習前診断で課題を認識し、e ラーニング後、学習後診断で理解度を確認する。

前述のテスト問題の設計で紹介した例のように、事前テストと事後テストは、同じレベルのテストを行った。

37）一色正彦「反転教育で研修効果と学習意欲アップ　e ラーニング活用事例をご紹介」Lightworks BLOG（2018）5～8頁〈https://lightworks-blog.com/flip-teaching〉。

◆Step 2：集合研修によるグループ演習

グループ演習は、学習後診断の結果によりグループ編成を決めた。決め方には、以下のような方法がある。

①　理解度の低い者を集める。

反転教育でよく行われる方法である。理解度が同じレベルを集めることにより、それぞれが補完しながら学ぶことができる。講師も、グループ構成者のスコアが分かっているので、必要なポイントを重点的にアドバイスすることができる。

②　理解度の高い者を集める。

あえて、スコアの高い者を集める方法もある。理解度が高い者同士の場合は、もう一歩先の課題を提示し、グループで議論する方法が有効である。

例えば、学習した法分野について、各自の業務や職場にどのような課題があるかを議論する方法もある。既に基礎知識が理解できているグループに対しては、基礎を理解したうえで具体的な課題を考える課題を提示し、一歩先のグループ議論ができる。

③　理解度の低いグループに１名、理解度の高い者を加える。

講師が知識を提供する方法ではなく、参加者同士がお互いに自主的に学び合う方式である。これにより、参加者がお互いに刺激し、能動的な学習であるアクティブ・ラーニングの効果が期待できる。理解度の高い者にとっても、自分が理解していることを他のメンバーに伝えることにより、さらに理解が深まる。また、講師からではなく、同じ参加者から学ぶことにより、理解度の低い参加者も、刺激を受けることができる。

ある会社は、自社の多様な商品やサービスに商標権を取得していたが、マーケティング部門で有効に活用されていないという課題があった。そして、商標権の基礎知識を問う事前テストを行ったところ、対象者全員が低い理解度の状態であった。

そこで、対象者を集めて４名〜５名でグループを作り、商標権をテーマとした課題演習を行った。その演習では、過去から現在まで、自社が取得したサービスの商標権と他社の商標権を混在させ、どれが自社の商標権であるかを見つける間違い探しのゲーム式の演習を行った。

時間を決めて、早く、多くの間違いを探す演習であり、参加者の学習意欲を刺激することができた。また、他社の商標権の中には、商標権の侵害について争っている商標権もあり、自分達の業務において、商標権の価値とリスクをよく理解しておくべきとの認識が高まる効果があった。

◆Step 3：e ラーニングによるフォローアップ

集合研修のフォローアップとして、再度、学習後診断と同様のレベルと形式のネットテストを行った。事前の学習後診断より結果が良くなる、もしくは、管理者が目標としている合格レベル（例えば、正答率80%以上）に到達した場合に、学習が修了となる。

合格レベルに達しない場合（一部、希望者も含む）は、集合研修テーマのｅラーニングを学習し、再度、ネットテストにチャレンジする。この場合は、合格レベルに到達した段階で、学習が修了となる。

反転教育は、事前のネットテストやｅラーニングで理解度を確認したうえで、集合研修の内容を決めることができる点において、有効な方法である。ｅラーニングの学習に基づくネットテストの結果と集合研修が組み合わさっており、効果的なコンプライアンス教育が実現できる。

(3)　アクション・ラーニング

アクション・ラーニング（Action Learning）は、現実の課題をケースとして、その解決に取り組むグループワークの一種である。経営課題の解決とリーダー候補の育成を兼ねた効果的な学習方法である。

アクション・ラーニングは、“組織の上下関係をとっぱらって、自由に、素朴に、自発的に問いを立てながら、本質的かつ創造的な仕事を進めていくコミュニケーション”のトレーニングとされている[38)]。

また、ジョージ・ワシントン大学大学院でアクション・ラーニングの手法を学び、日本に紹介したNPO法人日本アクションラーニング協会の清宮普美代代表は、アクション・ラーニングについて次のように述べてい

38）山本亮二郎「GEなど成功した世界企業が実践するアクションラーニングの真髄」INSIGHT NOW！（2009）〈https://www.insightnow.jp/article/2760〉。

る[39]。

“アクションラーニングこそ質問会議のエンジンなのです。このエンジンを使うと、組織の課題解決を行うなかで、自分もまわりも成長する仕組みが働きだします。チーム活動が自律的に起こり、チーム内のコミュニケーションも格段によくなる。おまけに、一人で考えるのではなく、みんなで考えることで、問題解決策もより効果的になるし、何より、みんなのモチベーションが上がります。”

次に、筆者が企業のコンプライアンス担当として、実際に実施したアクション・ラーニングの事例を紹介する[40]。

この事例は、若手リーダー候補の契約担当者を対象に、契約と情報セキュリティの基本となる法律の知識をｅラーニングで学習した後、模擬交渉によるシミュレーションを行った。そして、最後に、自部門の課題を抽出し、それに対策した後、その結果を発表するプログラムである。

例えば、「情報管理の甘さから起きた顧客との秘密情報漏えいトラブル」などの事例を素材に、自部門でも同様の共同研究・開発における技術流出の問題が起こり得ないか否かを検討するプログラムである。

この事例では、次の３段階でアクション・ラーニングを実施した。

◆Step 1：ｅラーニングによる個人学習後、模擬交渉

最初に、ｅラーニングによる個人学習を行う。この段階は、ブレンディッド・ラーニングで紹介した方法と同様に、この後行うシミュレーションとディスカッションの効果を上げるために、前提知識として、必要な法律を学習する。

そのうえで、集合研修により、模擬交渉を行う。ケースは、秘密保持契約のトラブルから作成したケースを使用した。模擬交渉は、①事前準備、②模擬交渉（ロール・シミュレーション）、③感想戦、④フィードバックの手順で行った。

39）清宮普美代『質問会議 なぜ質問だけの会議で生産性が上がるのか？』（PHP 研究所、2008）５頁。

40）一色正彦「アクションラーニングとは 効果と注意点、進め方の事例をご紹介」Lightworks BLOG（2019）５～７頁〈https://lightworks-blog.com/action-learning〉。

◆Step 2：模擬交渉後、交渉結果を書面化

模擬交渉の後、交渉議事録や結果報告書を作成し、その内容を交渉相手や同じ役割の参加者と議論する。この書面は、その後、本ケースの本質的な課題を議論する時の素材になる。

◆Step 3：交渉結果から課題を抽出

ここから、自部門の課題に入る。模擬交渉ケースの元になった事例を講義後、本質的な課題が何であったかをグループ議論する。課題を抽出する方法は、①事例の共有、②論点のレビュー、③教訓の抽出、の順番で行った。

◆Step 4：対策を自部門で実践し、実践結果を発表・議論

このプロセスを経て検討した対策を、実際に自部門で実証してみる。そして、最後に、実践した結果を発表し、どのような効果があったか、何が本質的な課題かについて、議論する。

例えば、このプロセスを通じて、顧客との秘密保持契約と情報セキュリティ管理との運用が不明確であるために、情報が混在するリスク課題が見つかり改善した事例がある。また、秘密保持契約を巡るトラブルが契約終結後に発生することが多いことに気が付き、契約終結時の終結ルールと管理フォームを新たに作るなどの対策が行われた事例もある。

このように、アクション・ラーニングは、具体的な問題解決に対して有効な手段である。また、解決策を立案する過程の議論に価値があり、その前提知識として、e ラーニングを組み合わせることで学習効果を上げることができる。

これらの教育手法を経営幹部、幹部社員、全社員に階層別の学習目標と研修を組み合わせると次のような構成になる[41]（**【図表39】**）。

経営幹部向けの「経営活用力」の育成には、集合研修が適している。具体的な事例について、創造的な選択肢を考え、仕組み化するための「議論」が必要だからである。この時に、議論が抽象的にならないためには、LMS で収集し、分析したデータに基づき、具体的なリスクをイメージし

41）一色正彦「コンプライアンス 研修で全社に浸透させる５つの方法 カギは『学習管理』」Lightworks BLOG（2018）７頁〈https://lightworks-blog.com/compliance-penetration〉。

【図表39】階層別の学習目標と研修方法

	階層別学習目標	研修方法
経営幹部	**経営活用力** 事業において、コンプライアンス問題を未然に発見し、予防できる組織を目指した仕組みを構築できる。	**集合研修** 具体的な事例に対して、創造的な選択肢を考え、仕組み化する施策を議論する。
幹部社員	**問題解決力** 組織において、発生したコンプライアンス問題に対して、複数の選択肢を考え、最善策を選び、解決できる。	**eラーニング+集合研修** 前提となる基礎知識をeラーニングで学び、集合研修で具体的な事例への対応策を議論する。
全社員	**問題発見力** 担当業務において、コンプライアンスの基礎知識を持ち、問題が発生したとき、迅速に発見し、初期対応できる。	**eラーニング中心** 事例を素材に基礎的な知識を学ぶことにより、問題を発見できる基礎力を学ぶ。

たうえで、議論することが重要である。

幹部社員向けの「問題解決力」の育成には、eラーニングと集合研修を組み合わせたブレンディッド・ラーニングが適している。前述の反転教育やアクション・ラーニングをテーマやレベルにより使い分ける方法も有効である。

全社員向けの「問題発見力」の育成には、学習対象者が多いこと、内容が基礎的な知識であることから、eラーニングが適している。

LMSでは、eラーニング、アンケート、ネットテストの学習結果がデータとして蓄積しており、これらを活用したコンプライアンス教育を行うことは、予防法務の取組みとしても有益である。

さらに、アンケートなどを用いて現状のリスク分析を行い、それに合わせて必要な法分野を特定したうえで、コンプライアンスの制度設計を行うと次のような関係図になる[42]（【図表40】）。

---

42)『コンプライアンスが楽しくなる！ゲーミフィケーションで実践する教育の仕組みづくり』「第４章　誰に何を教育すべき？階層別にアプローチ」（ライトワークス、2019）34 ～ 48頁。

【図表40】コンプライアンスの制度設計（サンプル）

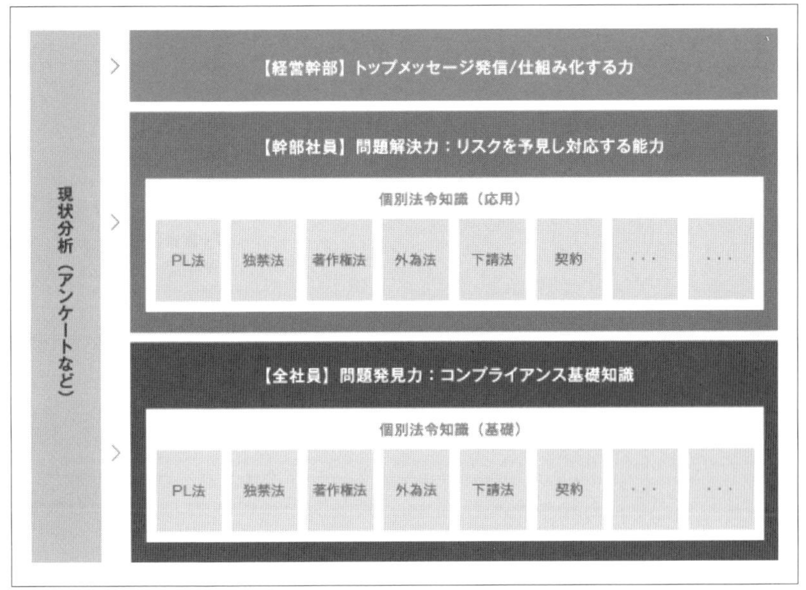

例えば、グローバルに事業を展開する製造メーカーの場合であれば、全社員に重点教育が必要な分野としては、「セクハラ、パワハラ」、「情報セキュリティ（個人情報保護法を含む）」、「PL法（製造物責任法）」が考えられる[43)]。

また、製造メーカーには、多くの職種があり、それぞれに重点教育が必要なテーマが異なる。各職種の重点教育分野としては、次の例が考えられる。

・営業職：「契約」、「独占禁止法」、「外為法」
・商品企画、研究開発、製造、資材調達職：「独占禁止法」、「下請法」、「契約」
・宣伝・広報職：「著作権法」、「下請法」、「契約」

43) 一色正彦「業種別コンプライアンス研修①巨大企業が名を連ねる『製造業』での教育方法」Lightworks BLOG（2019）5～8頁〈https://lightworks-blog.com/compliance-manufacturing-industry〉。

どの法分野のニーズが高いかは、会社や組織により異なるため、ネットアンケートで事前にデータを取り、その結果に基づき施策を行うと効果的である。

以上のように、LMSは、eラーニングの学習履歴管理以外に、多様なコンプライアンス業務に活用することができる。

案件法務から予防法務に進むためのコンプライアンス教育については、eラーニング機能と集合研修の価値を組み合わせる企画として、ブレンディッド・ラーニング、反転教育、アクション・ラーニングなどにより、学習効果の高い教育を実施できる。

アンケート機能は、アンケートの質問文と回答の設計を行うことにより、コンプライアンスに対する会社の方針などの啓発に加え、コンプライアンス問題が発生するリスクの高い組織を絞り込み、重点的な取組みを行う予防法務にも活用できる。

大企業を中心に、LMSを導入して、eラーニングを教育に活用する企業は増えている。しかし、学習履歴の管理に留まっている事例が多い。LMSには、今回紹介したように、単なる学習履歴の管理以上に有効に活用できる機能がある。

本稿が、LMSの潜在的な活用の可能性を見出し、効果の高いコンプライアンス業務を実施するための一助となれば幸いである。

第3章

最新リーガルテック・AI技術と海外の動向

双日株式会社 法務部　高林　淳

はじめに

2019年春、米国マイクロソフト社のデータ・サイエンス＆AI担当シニアディレクターであるラフール・ドディア氏とリーガルテック・AIについて意見交換させていただく機会があった。同氏によれば、米マイクロソフトではCompliance Analytics（コンプライアンス解析）というリスク分析ツールを導入し、これがかなりの高い精度を持つとのことであった。調べてみると、Compliance Analyticsとは、社内のあらゆるデータを常時読み込ませ、特定のパターンから逸脱したものや矛盾したものを発見し、不正行為の予兆を可視化して報告する技術であるとわかった。今後機械学習が導入されるとさらに精度が増していく[1]。

これにより、横領や不正会計に繋がる書類改ざんを見つけたり、談合・カルテルなどの不正行為の兆候を見つけることができるので、コンプライアンス問題の発生を事前に防いだり、発生した後でもいち早く当局に報告して、リニエンシー制度（課徴金減免制度）を利用することも可能にする。自然言語処理が進んだ日本語でも今後実用可能と思われる。

本章では、最新リーガルテック・AI技術と海外の動向として、既に商品化され日本でも取り扱われ始めているか、日本企業が海外で使用する可能性のある最新リーガルテック・AIを紹介したい。以降、「Ⅰ　契約デューディリジェンス」、「Ⅱ　訴訟支援ツール」、「Ⅲ　バーチャル・データルーム」、「Ⅳ　電子メール監視ツール」の順に紹介し、リーガルテック・AI導入による法律事務所の効率化に伴った米国における新しい弁護士費用の料金体系（Ｖ）についても触れたい。

１）マイクロソフトはこのAnalytics技術を使用して、PCを利用した個人の仕事ぶりを分析し、生産性の向上に役立てるソフトウェアを自社製品であるオフィス365に組み込んでいる。

I　契約デューディリジェンス

相手方から受け取った契約書をレビューする契約レビュー・サービスに加え、条件を入れていくだけで契約書のひな型を作成するサービスがあることは既に紹介した。それらに加え、最近の米国では締結済みの契約書のリスクを分析する契約デューディリジェンスと言われる契約関連サービスを提供するベンダーも増えてきた。技術的には、Compliance Analytics と同様、自然言語処理を活用したものだ。

これは、M&A における法務デューディリジェンスの一環として、買収対象会社の契約書を一気に読み込ませ、これを機械学習を使用して分析させ、株式譲渡制限、チェンジ・オブ・コントロール、非競争条項や買収対象会社の価値を劣化させるようなコベナンツ条項がないかを確認したり、また、特定の社員に対してゴールデン・パラシュートと呼ばれる、買収時に莫大な退職金を支払う条項はないか全雇用契約について確認するなど、特定の変則な（anomalous）条項を抽出するサービスを提供する。

この技術は M&A のみならず、e ディスカバリー、政府当局による調査対応、さらには EU 一般データ保護規則（General Data Protection Regulation：GDPR）やブレグジット（Brexit）に対応できているかを確認する目的にも利用され始めている。契約レビュー・サービスとは異なり、購入して随時使用するものではなく、必要に応じて都度利用することが想定されている。

知り合いの外国人弁護士に尋ねたところ、完全に依拠するわけにはいかないが、まずシステムに契約書を読み込ませ、1次スクリーニングすることによりレビュー時間が激減したということであった。今までは主に法律事務所が利用していたが、最近では直接利用し始めた企業も増えてきたという。デューディリジェンスを委託した法律事務所も恐らく利用しており、覚えておきたいサービスだ。

Ⅱ　訴訟支援ツール

訴訟支援ツールは、訴訟の種類、裁判所と裁判官名、相手方の法律事務所と弁護士等の情報をインプットし、機械学習を使って、訴訟結果、弁護士費用、裁判の所要時間などを予測するというものである。訴訟を担当する裁判官は過去同様の裁判においてどのような判決を下したか、どの裁判管轄のどの判例を引用したか、相手方の弁護士は過去どのような裁判で代理し、成功したか失敗したかといった情報を提供し、さらに、指定した地域において特定の分野で最も取り扱い件数の多い法律事務所も教えてくれる。勝訴率を計算したり、示談が良いか、判決まで持ち込んだ方が良いか指南し、また、その種類の訴訟では被告の地域では勝訴率は低いと分析し、勝訴率の高い裁判管轄地を提案するものもある。

日本と米国ではインターネットで開示されている判例数が比較にならず、日本では読み込める判決が圧倒的に少ないため残念ながら開発は困難かも知れないが、米国で訴訟する場合は相手方法律事務所のみならず、自分の代理人も使用している可能性もあるので、こちらもぜひ覚えておきたい。

Ⅲ　バーチャル・データルーム (Virtual Data Room：VDR)

海外企業の合併・買収を行うM&Aの世界では、かねてより「データルーム」というものが利用されてきた。買収側の企業は、買収対象企業の財務情報、営業情報、人事情報などの会社情報を得て、買収後のリスクを査定し、資産評価をして、買収価格を決定する必要がある。会社情報は、買収対象企業にとって極秘情報であるし、また、M&Aを行うこと自体が世間に知られれば株価に影響を与えることもありえるため、会社情報に関するハードコピーを集めた部屋を設け、アクセスを制限して、買収側の企業は資料を閲覧していた。これが「データルーム」である。

時代も移り、資料が電子化されると自ずと物理的なデータルームから、イントラネットやウェブ上の仮想データルーム（Virtual Data Room：VDR）へと移行し、今ではよりセキュリティ・レベルの高いクラウド上にVDRを設置することが一般的となった。これにより、買収側の企業が外部よりデューディリジェンスを行うことが可能となった。

最近では、この技術が外部へ情報を提供するあらゆる場面で活用されている。社外取締役、顧問、代理人弁護士、官公庁、取引相手、テレワーカーとのやり取りなど、今まで電子メールで提供していたデータをVDRを通じて提供することで、各段にセキュリティ・レベルを上げることが可能となるためだ。

以下、電子メール、ファイル共有サーバー、VDRのセキュリティについて考えたい。

電子メールの場合、まず誤送信がありえるし、クラウド・サービスに比べると、暗号化されたものであっても脆弱で、ハッキングされる可能性は一般的にファイル共有サーバーよりも高い。パスワードを本体のメールと分けて送付しても、本体のメール共々ハッキングされたら意味がない。また、電子メールを誰が閲覧・ダウンロードしたか利用履歴を管理できないなど、セキュリティ面で多くの課題がある。

クラウド・サービスを利用したファイル共有サービスは、上記の多くの問題を解決したが、利用履歴は原則としてアクセス履歴しか管理できず、ダウンロードや操作の履歴は残らないし、あるユーザーにはアクセスのみ認め、ダウンロードをさせないといった設定はできない。

これらに対し、VDR は、ユーザーごとの操作権限（閲覧、印刷、ダウンロードなど）の制御が可能となり、誰が、いつ、どのような操作を行ったかすべてログ管理することができるため、企業から外部に情報を提供する際の最も高いセキュリティを保てる仕組みと言える。今までは、言語対応などのユーザーインターフェースに加えて、価格や料金の高さ、国内におけるサポートの不十分さといった課題があったが、国内のベンダーも独自製品を提供するようになり、これらの課題も解決された[2)]。今後かなりのスピードで普及する可能性のあるリーガルテックである。

なお、ファイル共有サーバー同様、VDR を導入する場合、クラウド型にするか社内に設置したサーバーを使うオンプレミス型にするかという問題があるが、オンプレミス型にて多大な費用をかけて高いセキュリティを自社で確保するよりも、既に高いセキュリティ・レベルにあるクラウド・サービスを利用するのがより一般的になったと言えよう。最近では、自社システムのみで使用するプライベート・クラウドという選択肢もあるので、IT 部門とよく検討する必要がある。

2）佐々木隆仁『レグテック』（日経 BP 社、2018）193頁。

Ⅳ　電子メール監視ツール

ある大手ゼネコンは自社社員による談合事件を受けて、社員の電子メールを監査部門がAIを使ってチェックすると発表した。この技術を使えば、不正行為について、AIが電子メールのやり取りを自動で監視し、調査が必要なものに絞り込んで担当者に通知してくれるため、コンプライアンス問題発生予防の助けとなる。単なるキーワード検索ではなく、AIが電子メールの内容を分析するので、あからさまに不正行為を示す用語が使われていなくても、不正行為をほのめかす内容であれば、大量の電子メールからそれを抜き出し、不正の可能性がある表現をマーキングして示してくれる。

AIに過去の談合事件で使われた電子メールの文章を読み込ませて学習させ、社員のメールに照合することで違反の可能性のあるメールを抽出するが、直接的な表現がなくても、「あの店良かったですね。今度も……」「久々に以前のメンバーで……」などの表現より、他社との定期的な会合を予測して抽出することができる。談合だけでなく、不正会計、情報漏えい、ハラスメントなどにも有効だ。

既に欧米で確立された技術で、言語の複雑さゆえに導入は遅れたが、漸く日本でもサービスが開始された。Compliance Analyticsを導入するには多くの費用と労力を必要とするが、電子メール監視ツールであれば範囲は限定的となるが、より手軽に導入することができる。但し、計画的な違反行為は電子メールを使用しないことも多い。スマートフォンの解析技術なども合わせて導入を検討したい。

V　オルタナティブ・フィー・アレンジメント (Alternative Fee Arrangements：AFA)

インターネット上で「Alternative Fee Arrangements」と検索すれば、アメリカ法曹協会（American Bar Association：ABA）のウェブページを始め、多くの情報を得ることができる。企業の法務部をサポートすることを目的とした、グローバル・スケールの団体であるコーポレート・リーガル・オペレーションズ・コンソーシアム（Corporate Legal Operations Consortium：CLOC）によれば、全米200社を超える大企業から小規模企業までを対象としたアンケート結果では、2018年度に回答企業の55% が AFA を利用した。また、中規模から大規模の企業は、2018年から2019年の間に外部への支出を24% 下げたと報告されている（AFA の効果のみならず、アウトソーシングの見直しなど他の要素を含む）[3)]。

AFA とは、リーマンショック後の不景気時に広まった、時間給ベースに代わる弁護士費用の支払い方法の取り決めを言う。特に米国ではリーガルテック・AI の導入は企業よりも法律事務所の方が進んでおり、抜け目ない企業の法務担当者は法律事務所で効率化が図られている分、所要時間は少なく、費用は少なくなるはずだと価格交渉を行う。法律事務所側も、時間給に代わる方法を上手く取り決めることができれば、場合によっては多くの費用を得ることができるし、ライバル事務所が受け入れる中で競争せざるを得ない面もある。リーガルテック・AI の発達により、AFA が進むのは必然だ。

成功報酬ベースでの支払いはかなり以前から存在したが、AFA とは、概して言えば、時間ベース、予算ベース、及びパフォーマンスベースの支払い方法のいずれか、またはその組み合わせだ。着手金と成功報酬の組み

3）“2019 State of the Industry Survey”. Corporate Legal Operations Consortium. <https://cloc.org/wp-content/uploads/2019/07/2019-State-of-the-Industry-FINAL.pdf p.8.>

合わせは日本でもよく使われるし、全額を成功報酬とするのは容易に想像がつくが、時間ベースだが単純に上限を設ける、上限を段階的に設ける、事案件数当たりの費用を予め決めておく、着手金と成功報酬の組み合わせだが、成功報酬の部分は％を乗じる代わりに一定金額とする、一定金額を決めたうえでそれよりも工数が少ない場合はボーナスを支払う、逆に多かった場合はディスカウントするなど、米国では多種多様な支払い方法を事前に取り決めておくことが当然となっている。戦略的 AFA を法律事務所に提案するコンサルティング会社もあると言う。

米国では AFA により法律事務所間の競争はより激しくなり、廃業に追い込まれることもあると聞くが、日本企業もよく勉強し、法律事務所とうまく渡り合っていかねばならない。

【コラム】日本の裁判における IT 化

1996年初頭、筆者は米国ニューハンプシャー州の裁判所と Jail（この場合、日本でいう拘置所）に頻繁に出入りしていた。パナソニックの営業として、テレビ会議システムを売り込むためである。被告人を拘置所と裁判所の間を往復させるには、何人もの警察官が同行し、厳重な輸送車も必要となるので、拘置所と裁判所をテレビ会議で結ぶことによりコストダウンを図るという案件であった。あれから約四半世紀が経過し、ようやく日本でも裁判所に出頭せずとも、テレビ／ウェブ会議で一部の手続きを済ませることができるようになりつつある（但し、民事事件の争点整理や証人尋問などに限定され、刑事事件は除外される予定である）。

欧米のみならず、アジア諸国に比べても裁判の IT 化に大きく出遅れた日本は、2017年10月内閣官房に「裁判手続等の IT 化検討会」が立ち上げられ、翌年３月には同検討会により報告書がまとめられた。これによれば、「e 提出」「e 事件管理」「e 法廷」の「３つの e」が掲げられ、裁判所に持参、郵送またはファックスしていた書類を、オンラインで提出できるようにする、テレビ／ウェブ会議の使用範囲を拡大する、判決書や訴訟記録を電子化するといった施策を随時導入し、2023年以降の完了を目指すというもの。シンガポールでは1998年に裁判書類の電子化が開始されており、日本は韓国、中国に比べても大きく後れをとっている。

審理の迅速さ、利便性、コストの面からも早急な IT 化が求められる。

第4章

効率化のその先
――「デジタル・トランスフォーメーション」への布石

双日株式会社 法務部　高林　淳

Ⅰ　効率化は目的ではなく手段

今まで、リーガルテック・AIによってどのような効率化が図れるかを説明してきた。業務の効率化は以前から言われてきた課題だが、それでも昨今の働き方改革の潮流もあって、企業に留まらず、社会的にこれだけ機運が高まるのは初めてではないだろうか。

英国オックスフォード大学のカール・フレイ氏とマイケル・オズボーン氏の論文が話題となったのは記憶に新しい。彼らは、702種類の職業を分析し、次の結論を導いた。

> 我々の計算によれば、米国の雇用者の47％はリスクが高いカテゴリーに属する。それはつまり、それらの職業は……恐らく10年か20年で自動化される[1]。

また、ボストン・コンサルティング・グループとドイツのブセリウス法科大学院が共同で発表した論文では、今日のジュニアレベルの弁護士（アソシエイト）の業務の30％から50％はリーガルテックによるソリューションによって置き換えることができるとしている[2]。リーガルテックの操作は標準的で、高いスキルを必要としないため、弁護士にさせる必要がないとの考え方だ。

それでは、今後リーガルテック・AIが発展すると法務部員の業務も自

1）Frey, Carl Benedikt and Michael A. Osbone. “The future of employment: how susceptible are jobs to computersation?” 2013. p. 38.

2）The Boston Consulting Group and Bucerius Law School. “How legal technology will change the business of law.” 2016. p.3. なお、ドイツに拠点を構えるEuropean Legal Tech Association（ELTA）は、ドイツの法律事務所はリーガルテックをほとんど使用せず、ごくわずかなスタートアップ企業のみがこの分野におけるソフトウェア・ソリューションを提案するに留まっているとして、リーガルテック・AIの導入の遅れに警鐘を鳴らしている。そして、その消極姿勢の原因は、法律事務所が、効率化してしまうと自分たちの報酬額が少なくなることを恐れているからだと分析している〈https://europe-legaltech.org/report/〉。

動化され、雇用不安に陥ってしまうのか。

効率化はあくまで手段であって目的ではない。効率化した後、効率化で浮いた工数を何にどう使うかを事前に考え、どう「法務力」を強化するかプランを立てたうえでリーガルテック・AIを導入しなければ、いずれ単に法務部の人員を減らすという短絡的な結果を導きかねず、法務力の強化には繋がらない。

Ⅱ　何のためにリーガルテック・AIを導入するのか

三井物産株式会社の関西支社業務部法務室長の堀内謙一郎氏は「AI、IoTの活用を通じて、ドラフティングや契約レビューといった法務業務の大幅効率化が見込まれる中、経営に法務の観点からどのように効果的に貢献していくのか、法務部門の経営・法務実務のイノベーションをけん引するような姿勢も今後は一層必要」[3)]になるとしているが、正にその通りであって、改革を求めず、現状維持のままでよいのであれば、リーガルテック・AIは導入する必要はない。

では、何を目的にしてリーガルテック・AIを導入すれば経営に貢献できるのであろうか。ここでは、具体的な導入の目的について、４つの可能性について検討したい。この４つは、そのうちのいずれかを選択するものではなく、同時に成り立つものであるが、自然とこの段階を踏んでいくものと思われる。

1　人員不足を補う

業務量の増加に伴い、本来人員を増員すべきところ、リーガルテック・AIを導入することにより同じ人数でより多くの作業をこなし、業務の品質を保つことができれば、増員を避けることによりコストの面で経営に貢献することができる。残業時間も減らせることに繋がれば社員満足度も高まり、働き方改革に寄与することにもなる。毎日の業務を少人数で切り盛りしている法務部においても、リーガルテック・AIは強い味方になるであろう。

3）堀内謙一郎「法務の眼　グローバルに活躍する法務人材の育成について」経営法友会レポートNo.544（2019）１頁。

2　業務品質を向上させる

例えば、契約レビュー・サービスを使えば、秘密保持契約や単純な業務委託契約といった汎用性の高い契約については、上司・先輩社員の指導により多少の知識を身につけることで、新入社員でもレビューを完結できるようになると思われる。近い将来、もっと複雑な契約や英文契約でも同様となるであろう。そうした場合、誰かから仕事を奪うのではなく、効率化で生まれた工数を、リーガルテック・AIにはできない高度な判断、戦略の立案、あるいはコミュニケーション性の高い業務に活用しなければならない。

例えば、今まで袋綴じをして契約書を発送していた派遣社員、印紙税の質問に答えていた若手社員、押印担当係は、充実化を図っているｅラーニングのコンテンツ作りに参画したり、質問を受けてきた経験をチャットボット作りに役立てることができるであろう。

つまり、最も単純な仕事はなくなるかも知れないし、複雑でない仕事は減るかも知れないが、そのリソースをより高度な業務へと「幅寄せ」することで、法務業務全体の質を高めることができることになる。社員がより高度なことに集中できれば、モチベーションの向上も大いに期待できる。

3　他の機能を取り込む、新しい業務を創出する

他部門が主管しているが、法務業務との距離が近く、法務部に取り込むことでより効果的となる業務は多くある。そもそも、法務部は様々なタスクを取り込みながら、生成発展してきた。日本における法務部の歴史は比較的浅く、総務部（文書管理）、経営企画部や、商社の場合は審査部（リスク管理）、メーカーの場合は知的財産権部など、企業・業界によって成り立ちは様々だ。伝統的には、契約、訴訟、外部弁護士の活用、株主総会・取締役会の事務局、債権回収、知的財産権の管理などを手掛けてきた。

同じ契約業務であっても、例えば商社では、買い先から購入し、売り先に売却する売買契約を締結することが契約業務の中心で、これにかかわる

担保管理や回収管理を行ってきたが、最近の契約業務は売買よりもクロスボーダーのM&Aの比重がよほど高い。和文より英文契約の比率の方が高く、契約が複雑になったばかりか、デューディリジェンスに多くの時間と費用を費やし、環境分野など元々法務からかけ離れた分野に関する知見まで求められるようになった。エスクローを利用したファイナンス・ストラクチャーを構築し、表明保証保険の検討を行い、企業買収や合弁会社設立後の規程導入などの統合管理（Post Merger Integration：PMI）までも法務部が行う時代となっている。

また、コンプライアンスについても同様で、初めからコンプライアンス部を設置する企業は稀であり[4)]、社会の情勢やステークホルダーからの要請に基づき設置・拡大されてきた。成り立ちは、業法等規制対応、輸出管理、危機管理、クレーム・不祥事対応など、こちらも企業・業界によって異なるが、今では法務部の中に取り込んでいる企業も多い。このように、法務部は、多くの機能を巧みに取り込んで発展してきた、最も柔軟性のある職能と言える。

今後法務部はどのような職能を取り込んでいくのであろうか。例えば、双日では、最近輸出管理業務が法務部に移管されたことを始め、取締役会の実効性評価や役員報酬体系の見直し、さらには、次世代の取締役をどのように選出し、教育すべきかといったサクセッションプランにも関与している。それは、コーポレートガバナンスの構築には法的観点からの検討が不可避であるからである。有事の際の危機対応を含む広報、CSR[5)]・サステナビリティ[6)]の取組みにも主管部門と常に連携を取って、対策について協議している。

4）但し、金融機関では金融庁が管轄する各種業法等規制への対応が必要であったため、早い段階からコンプライアンス部が存在していた。

5）Corporate Social Responsibility（企業の社会的責任）の略で、企業は利益を追求するだけでなく、あらゆるステークホルダー（株主、消費者、地域住民などの利害関係者）に対し社会的責任を負っているとの考え方。

6）持続可能性を意味し、企業が社会的責任を全うするため存続し続けるとの意味に加え、地球環境、人権尊重、社会経済システムなど、人類を取り巻く環境の持続に企業として取り組む活動。参考、河口真理子「持続可能性『Sustainability サステナビリティ』とは何か」〈http://www.daiwa-grp.jp/csr/publication/pdf/060807csr.pdf.〉。

米国のIT企業などでは、法改正に影響を与えるためのロビイング活動も法務部が行っているし、金融機関では、AML[7] /KYC[8] 等の規制に基づく報告にテクノロジーを導入する「レグテック」(Regulation Technologyの略）にも法務部が取り組んでいる。SDGs[9] や人権問題、SCM[10]、BCP[11] にも法務部が積極的に関与している企業もある。

リーガルテック・AIを導入することで効率化した工数を、ぜひ「攻めの法務」へと振り分けることで変革を成し遂げ、法務の専門性を色々な分野で活用することで、会社への貢献を図っていきたい。

4　「法務タレント」を社内に輩出する

人員不足を補充し、質を向上し、量を増加させた後はどうするか。それは、法務部が法務部員を他部門へ輩出する段階を迎えたと言えよう。輩出された法務部員が持っている契約などの法務スキルは直ちに輩出先の部門で役立たせることができるし、リーガルテック・AI操作の技能も持ち合わせているので、契約レビュー、リサーチの技能、RPA、チャットボットの作成ノウハウなどを共有することができる。

7）Anti-Money Laundering（アンチ・マネー・ロンダリング）の略で、反社会的勢力やテロ組織などによって不正な資金を正常な資金であるかのように見せかける「金銭洗浄」を防ぐ一連の取組み。日本では「犯罪による収益の移転防止に関する法律」により、KYCなどの一連の顧客確認手続きが義務付けられている。2018年11月30日に同法施行規則が改正され、オンライン上で完結する本人確認方法（eKYC）が一部許容されたため、多くのテクノロジーが導入されている。

8）Know Your Customerの略で、金融機関などに義務付けられた、口座開設を行う際の本人確認などの一連の手続き。AMLを目的とする。

9）Sustainable Development Goals（持続可能な開発目標）の略で、2015年の国連サミットで採択されたコンセプト。「誰一人取り残さない」持続可能で多様性（diversity）と包摂性（inclusion）のある社会の実現を目指す。

10）Supply Chain Management（サプライ・チェーン・マネジメント）の略で、材料や部品の調達、製造、流通、販売にいたる商品供給の流れを効率化する手法で、有事の際にも供給責任を果たす考え方。

11）Business Continuity Plan（事業継続計画）の略で、災害、テロ、伝染病など、企業の事業の継続を妨げる事件が発生した場合でも、重要な業務を継続するための対応方法を取り決めた計画。

「法務のスキルを社内に展開する」「社内でリーガルマインドを醸成する」という考え方は、何十年も前から日本の法務部ではずっと唱えられてきたが、上手くいっているとは言い難い。マニュアルをノウハウとして提供しても、法務業務というのはやはりどこか他人事で、専門家に任せるべきとの固定概念が根深くはびこっている。マニュアルを読んだだけでは理解に限界があるのも事実だ。

これを法務の技能を持った社員（法務タレント）を人ごと社内の他部門に輩出すれば、自ずと輩出先の法務スキルを引き上げることになる。但し、折角法務部でスキルを身につけた後営業部門に移ったのに、法務で得たスキルを活かさず、マインドも営業となってしまう例を筆者は何度も見てきた。それを打破するため、輩出は法務部へ戻ってくることを前提としたローテーションで行うことにより、営業部門でも法務タレントとして活躍することが可能となる。

また、逆に、取引をよく知っている営業社員が、一般条項などについて勉強したうえで、契約レビュー・サービスを使用すれば、法務部員よりも的確に契約をレビューできる可能性もある。法務部は営業部門からも社員を受け入れ、惜しみなく部門内でノウハウを共有することで、法務部以外の部門から法務タレントを誕生させることができる。さらに、ITや情報企画部門の社員を取り込み、法務実務を担当させる一方で、リーガルテック・AIの導入などを担当させても良い。その意味では、リーガルテック・AIは職能・職種の壁を低くし、流動性ある人事を可能とするツールとなる。

法務タレントとは、リーガルマインドとスキルを持ったジェネラリストに他ならない。そもそも、日本型雇用慣行においては、部門間をまたがった異動も多く、その中で経営的視野を身に付けさせて、ジェネラリストを育成することを肯定的に捉えてきたはずだ。欧米の法務部の中枢は弁護士というスペシャリストで固定され、その意味では実はダイバーシティが図られているとは言えない。一方、部門を越えたローテーションは日本企業の強みであり、元来日本人の得意とする人事戦略なのだ。

このように、リーガルテック・AIは、単なる業務効率化ツールに留まらず、法務業務を改革するイノベーション・ツールという側面を持ってお

【図表1】効率化のその先

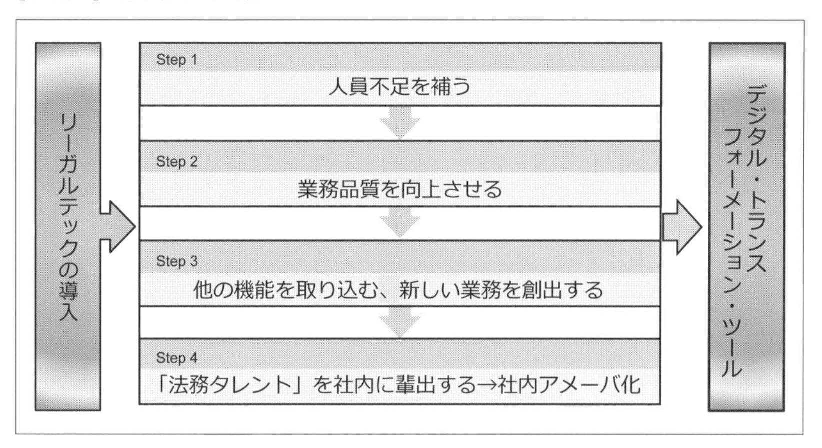

り、さらには、リーガルテック・AIの導入を日本的人事戦略と結び付けることで、法務タレントを社内に増殖させ（法務タレントのアメーバ化）、「法務力が高い会社」へと変革させるデジタル・トランスフォーメーション・ツールでもある。リーガルテック・AIの導入により法務力を高めて経営に貢献し、そしてそのような企業が増えれば、ひいては日本の法務力の向上へと繋っていくと言えよう。

以上、リーガルテック・AIの4つの目的について論じたが、各社の法務戦略と結び付けることで具体化していただきたい。

Ⅲ　リーガルテックから「リーガルオペレーションズ」へ

戦略と戦術の違いや関係性については、歴史的・世界的に多くの議論がなされ、本や論文も枚挙にいとまがないが、元来戦略は戦場で勝利を収めるための術策であり、戦術は戦略を達成するための、より具体的な戦闘部隊の編成や統制するための術策であることに大方のコンセンサスはあろう。

法務部においても、戦略の達成に向けた体制整備などの戦術をもたねばならないが、法務部の戦術とは何であろうか。この問いへの答えを検討するにあたり、前述のCLOCが唱えている「リーガルオペレーションズ」（**3章Ⅴ**）の考え方が参考となる。

CLOCは、「リーガルオペレーションズ」の重要性を唱えており、（同団体曰く）数年前に提唱したときは見向きもされなかったが、今や大きな注目を浴びている。米国では、有資格者が法務部の予算を作成・調整したり、活動目標を作成するといった法律業務以外の業務にジェネラルカウンセル（法務担当役員）や有資格者が時間を割く割合が増加するにつれ、それらの業務を担当する専門部隊を作るという発想が持たれるようになった。そのような法律業務以外の機能を集約し、さらに効率化を目指すのが「リーガルオペレーションズ」である。

日本語では「法務企画」との考え方に最も近いかも知れないが、それ以上の機能を有すると思われる。**【図表2】**はCLOCのコア・コンピテンシー・モデルであるが、リーガルオペレーションズで求められるコンピテンシー（能力・特性）を12に分類している。予算管理、ベンダー管理、リーガルテックの導入、組織設計、訴訟支援、ナレッジマネジメントなどを含み、さらには戦略の立案までもを含み、高度なコンピテンシーが要求されている。

例えば、コンピテンシーの1つである「サービス提供と代替サポート手段の設定（Service Delivery & Alternative Support Model）」は、「マネージ

【図表2】CLOCのコア・コンピテンシー・モデル

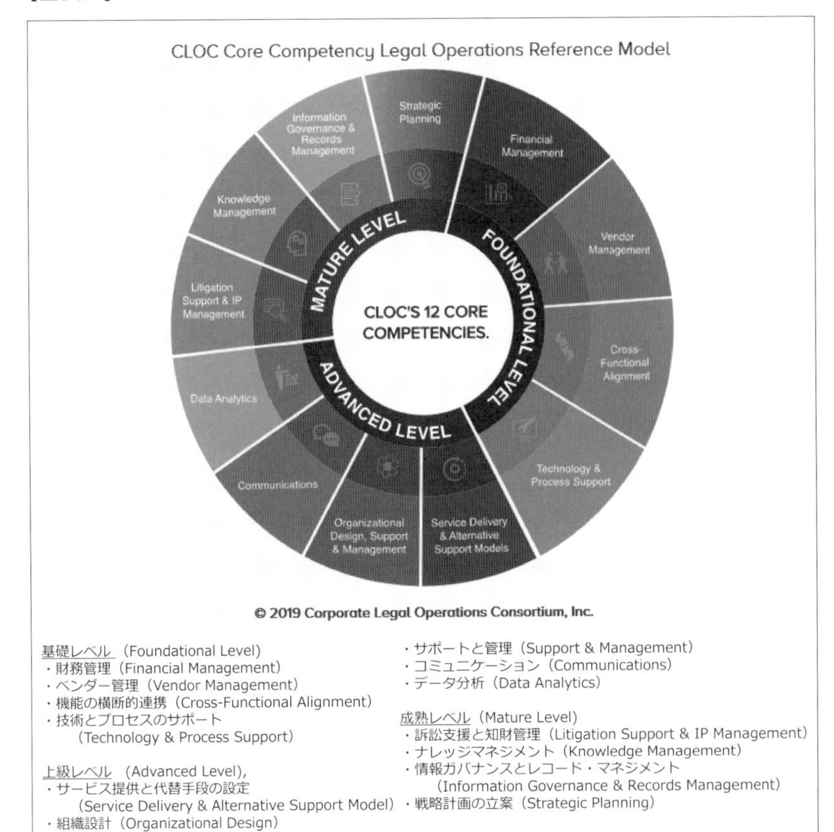

ドサービス、LPO、その他のサービスや技術を活用するなど、適切なリソースを適切な事象に活用することで部門の効率を高めること」と説明しているが、簡単ではない。「マネージドサービス」とは、テクノロジーの導入に伴う保守を、一定の費用を支払ってアウトソースすることであるが、費用対効果を考えて導入有無を検討する能力が求められるし、LPO（Legal Process Outsourcing）とは、外部の法律事務所やベンダーに法務業務をアウトソースしてサポートを受けることだが、無計画にアウトソースするのではなく、自部門で完結させるべきか、アウトソースするべきか基

準を設け、論理的に判断する仕組みを構築しなければならない。

米国コーポレート・カウンセル協会（Association of Corporate Counsel：ACC）による2016年１月の調査では、企業内法務部の50％以上がリーガルオペレーションズ部門を保有し、これは前年度比20％増にあたる[12)]。また、CLOC による2019年度の会員アンケート結果では、大企業では平均14名の正社員と２名の契約社員をリーガルオペレーションズ部門に専任で抱え、小規模会社でも２名の専任人員を確保している[13)]。

リーガルオペレーションズ部門を設置した方が絶対に良いとは言わないが、社内に提供するリーガルサービスを俯瞰し、法務業務のプロセス改善、部内のナレッジマネジメント、コスト削減、およびテクノロジーの導入にフォーカスする担当者を設置することは一考に値する。また、現在法務企画部門を有している会社においては、機能の拡張を検討する機会となろう。

そして、本書では、リーガルテック・AI に関する課題として、動向のキャッチアップ、最適なベンダーの選定、予算の確保、新たなアドミニストレーション業務への対応、セキュリティ等に関する関連部門との連携、そして担当者への適正な評価といった点をあげてきたが、リーガルオペレーションズはそれらの課題を一気に解決する糸口にもなる。何より、リーガルテックを目前の効率化のみでなく、デジタル・トランスフォーメーションの観点より導入する基軸となろう。

リーガルテックを、より広い視野に立ったリーガルオペレーションズの一部としてとらえ、相応の専門性を身に付ける体制としなければ、国際競争を生き残れない時代を迎えているのかも知れない[14)]。

12）https://uk.practicallaw.thomsonreuters.com/w-013-0387?transitionType=Default&contextData=(sc.Default)&firstPage=true&bhcp=1

13）大企業（年間売上100億ドル超）の平均企業内弁護士数は164名であり、うち14名が担当。中規模企業（年間売上10億ドル超）では、弁護士数28名中２名、小規模企業（年間売上10億ドル未満）でも10名中２名が専任で担当している。“2019 State of the Industry Survey” Corporate Legal Operations Consortium.〈https://cloc.org/wp-content/uploads/2019/07/2019-State-of-the-Industry-FINAL.pdf P12, 14〉

14）高林淳「法務の眼『リーガルテック』から『リーガル・オペレーションズ』の時代へ」経営法友会リポート No.550（2019）１頁。

第5章

リーガルテック・AI時代の人材育成

双日株式会社 法務部　高林　淳

Ⅰ　法務人材の採用・教育・評価

1　リーガルテック・AI時代の人材採用

前述のボストン・コンサルティング・グループの2016年に公表された論文[1]では、法律事務所においてリーガル・テクノロジーを身に付けるのは必須であり、「リーガルテックによって枠組みが作り変えられた法律業務について、ロースクールと法律事務所は、学生と弁護士の見識を高めるための教育を施さなければならない」とし、特にロースクールでは、リーガルテックの授業を必須科目として、さらにはその講座を卒業生や法曹関係者にも提供するよう提唱している。前記論文から4年が経過したが、（必須かどうかは別にして）リーガルテックを身に付けるための授業を持つ欧米のロースクールは増え、法曹界においても、リーガルテック・AIの教育は今後ますます盛んになる。

リーガルテック・AIは企業による法務人材の採用にどのような影響を与えるのであろうか。これからの時代は法務業務に関連する技術も法務担当者のコンピテンシー（能力・特性）として認識しなければならない。リーガルテック・AIを使えるか否かでも業務効率は大きく変わるし、導入にあたってはある程度の技術知識が必要になるし、常に新しい技術を身に付けておくには、技術に対する興味もなければならない。したがって、人材を採用するにあたっては、技術への見識があるかという点も確認する時代を迎えるであろう。

1つの試みとしては、HRテック（Human Resources Technology）を活用することだ。日本でも学生や社会人中途採用にAIを使用したHRテックを導入する企業は増えた。例えば、自社の社員情報をAIに読み込ませ

1）The Boston Consulting Group and Bucerius Law School. “How legal technology will change the business of law.” 2016.

て、どのような社員を採用してきて、どのような社員が成功しているか分析したうえで、採用したい社員像と志望者のデータ（コンピテンシーを洗い出すアンケートの結果）を照合し、マッチング度の高い志望者を採用するといった取組みが行われている。

採用したい法務部員像に技術志向の要素を追加し、前職にてリーガルテックを担当している場合などにはマッチング度が高くなるよう設定することも技術的に可能となった。HR テック導入にもそれなりのコストはかかるが、少なくとも既に導入している企業は検討に値するであろう。

2　リーガルテック・AI 時代の人材教育

法務部において、新入社員および中途採用社員のプログラムがあるのであれば、リーガルテック・AI のカリキュラムも追加するべきだ。会社においてどのようなリーガルテック・AI を使用しているか把握させ、使用方法を１つ１つ覚えさせなければならない。

ベンダーの操作マニュアルを与え、実際に触らせることに加えて、現在はインターネット上にリーガルテック・AI を紹介する動画も増えたので、わかりやすいものをリスト化して、知らせるのも良い。但し、e ラーニングはこの手の教育にはそぐわない。サービスに新たな機能が加えられたり、パソコン上のユーザーインターフェース（使用画面）に変更が加えられることも多いのですぐに古くなってしまうからだ。

反面、機能が常に進化するリーガルテック・AI は、導入したら教育し続けることが宿命だ。教育にはコストと手間がかかるが、リーガルテック・AI を皆が使いこなせればそれ以上の効果があるのは間違いないので、根気よく継続していくしかない。大抵のベンダーは導入後も社内のデモンストレーションに快く応じてくれるので、定期的に開催するのも良い。

リーガルテック・AI に関連した人材育成の弊害としてよく挙げられるのが、法務担当者としての実力を身に付けずして一定の仕事がこなせてしまうことや、弁護士に頼ることなく完結する仕事が増えることで、弁護士とのコミュニケーションの機会が減ることだ。求められる能力も時代に応じて変化していくものの、法務担当者として必要な要素を失わせることがないよう、伝統的な教育プログラムも引き続き重要となる。

3　リーガルテック・AI時代の人事評価

どのようなリーガルテック・AIを導入するか決定するには、インターネット、各種イベント、ベンダーのプレゼンテーション、他社との情報交換などを通じた情報収集能力やコミュニケーション能力、そしてどの商品・サービスが自社に最適であるかを判断する判断力が必要となる。導入計画を作成し、予算の確保、社内の説得、技術的課題の克服など、いくつかのハードルを越えなければならない。また、リーガルテック・AIを導入すると、導入後にもアドミニストレーション業務が増えることは既に述べた。

これを担当する社員は、手間と時間をかけて業務の効率化に貢献するのであるから、（リーガルオペレーションズを設置するか否かにかかわらず）その功績・実績についてはしっかりと評価しなければならない。そのためには、業務目標・計画にその担当して実施する内容を織り込み、進捗・結果管理もすべきということになる。部内のリーガルテック・AIの活用の質を保つためにも、担当者のモチベーションは高めておかなければならない。

Ⅱ　法務人材のキャリアパス

2018年４月、経済産業省は「国際競争力強化に向けた日本企業の法務機能の在り方研究会」（座長 名取勝也 名取法律事務所代表弁護士）を設け、企業の国際競争力を強化する観点から、日本企業の法務機能の在り方について報告書を取りまとめた[2)]。双日も何度か経済産業省と意見交換をさせていただいたが、アンケート調査や個別ヒアリングをもとに企業法務について非常によく研究されており、実態を把握したうえでの、企業の国際競争力を高めるための課題と提言がなされている。

さらに、2019年11月、同研究会は２本目の報告書を公表した。これによれば、人材育成については、「法務担当者は、……ロジックを組み立てるトレーニングを繰り返しており、分析力も高く、実務的なソリューションを導き出す力が業務の中で培われていることから、法務部門は他部門に有用な人材を輩出するとともに、経営陣を構成する人材を輩出する可能性を有している」[3)]と分析している（**【図表１】**）。

前述（**４章Ⅱ４**）の法務部の枠にとらわれず、法務タレントを社内で増殖させるという「法務タレントのアメーバ化」はこの「法務部門に閉じない新たなキャリアパスのイメージ」の考え方と一致する。

法務部もある程度の規模になると、海外赴任、子会社出向、国内外問わず法律事務所からの出向受け入れ、留学やトレーニーなどの人材配置・ローテーション計画は作成しているが、これに営業、人事、経営企画、経理・財務、そしてIT・情報部門へ「法務タレント」を輩出し、これらの部門から受け入れることで法務力が向上することは既に述べた。

法務力とは法務部の力でなく、会社の法務機能の力である。会社全体を

２）経済産業省『国際競争力強化に向けた日本企業の法務機能の在り方研究会　報告書』(2018年)。

３）経済産業省『国際競争力強化に向けた日本企業の法務機能の在り方研究会　報告書』(2019年) 31頁。

【図表1】法務部門に閉じない新たなキャリアパスのイメージ

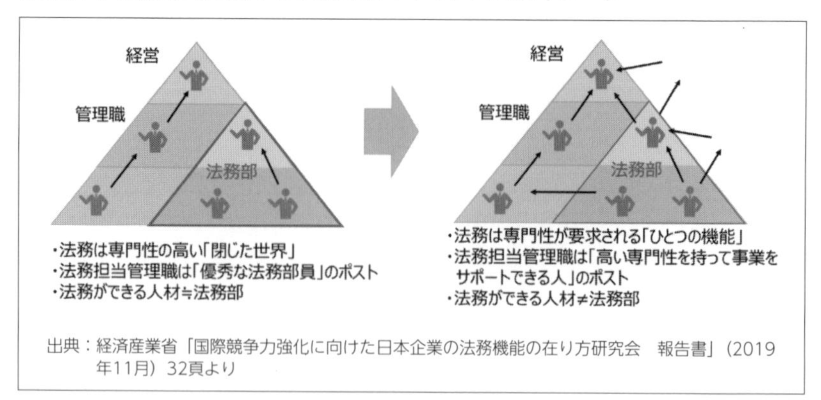

出典：経済産業省「国際競争力強化に向けた日本企業の法務機能の在り方研究会　報告書」（2019年11月）32頁より

俯瞰的に見て、日本企業の特性を活かしつつ、「会社としての法務力」を高めることを目的とした人材育成計画を作成し、法務部から経営陣に提案すれば、必ず経営への貢献となることに理解が得られるものと信じる。

最後になったが、そのように育てた社員が転職や起業を理由に会社を去る決心をした場合は、快く送り出すようにしよう。優秀な人材により法務人材マーケットが活性化し、新たな職場で活躍して周りに良い刺激を与えることが、「日本の法務力」を高め、国際競争力を高めることに繋がるものと信じている。

おわりに

双日株式会社 法務部　高林　淳

リーガルテックを導入するにあたり、それがAIをベースにしているか否かは使い勝手の面からは関係がない。どのような機能があり、どのような効率化が図れるかという観点に立てば、AI搭載の有無は知る必要すらないとも言え、AI搭載との宣伝に踊らされる必要はないはずだ。しかしながら、より深くAI搭載商品について理解するためには、AIに関する知識を持っていた方が、ベンダーからも多くの情報を得ることができ、さらには今後どのような商品へと発展する可能性があるか想像を巡らすこともできる。筆者は多くのベンダーと会ってきた経験の中で、法務担当者としても最低限のAIの知識は身に付けておいた方が良いと感じた。

法務担当者として身に付けておきたいAIの知識とは何であるのだろう。

そもそもAIの定義は専門家の中でも定まっていない（**図表1**）。マイクロソフトExcelのマクロ機能さえAIと呼んでも、それは間違いとは言い切れないのだ。

身近な例で言うと、インターネットの検索エンジンはAIを使用している。普段我々がキーワードを入力して検索するとき、機械学習を使って、どういったページが求められているか、確率が高いと判断された順にウェブページが瞬時に表示される。有害サイトの排除、迷惑メールのフィルタリング機能、検索内容を元に好みと思われるネット広告が表示されるのも機械学習によるものだ。「ディープラーニング」との用語をよく見かけるようになったが、ディープラーニングも機械学習の一部である（この機械学習の発達が「第三次AIブーム」をもたらしたと言われている）。

機械学習とは、AI自身が学習する仕組みであり、コンピュータに大量のデータを読み込ませ、自動的に「分ける」技術である。例えば、一旦ネコを見分ける方法を身に付ければ、以降はネコを見たときにネコと見分けられる技術を言う。

そして機械学習には、大きく分けて「教師あり学習（supervised learning）」と「教師なし学習（unsupervised learning）」とがある。教師あり学習は、人間の教師が生徒に正解を指南するように、入力と出力（正解）のセットを予め準備しておき、ある入力をしたらある出力が出るようにコンピュータに学習させる手法をいう。一方、教師なし学習は、大量のデータから一定のパターンやルールを抽出し、そこから正解を導き出す。

【図表1】専門家による人工知能（AI）の定義

中島　秀之 公立はこだて未来大学学長	人工的につくられた、知能を持つ実体。あるいはそれをつくろうとすることによって知能自体を研究する分野である
西田　豊明 京都大学大学院 情報学研究科教授	「知能を持つメカ」ないしは「心を持つメカ」である
溝口理一郎 北陸先端科学技術 大学院大学教授	人工的につくった知的な振る舞いをするもの（システム）である
長尾　　真 京都大学名誉教授 前国立国会図書館長	人間の頭脳活動を極限までシミュレートするシステムである
堀　　浩一 東京大学大学院 工学系研究科教授	人工的につくる新しい知能の世界である
浅田　　稔 大阪大学大学院 工学研究科教授	知能の定義が明確でないので、人工知能を明確に定義できない
松原　　仁 公立はこだて未来大学教授	究極には人間と区別がつかない人工知能のこと
武田　英明 国立情報学研究所教授	人工的につくられた、知能を持つ実体。あるいはそれをつくろうとすることによって知能自体を研究する分野である（中島氏と同じ）
池上　高志 東京大学大学院 総合文化研究科教授	自然にわれわれがペットや人に接触するような、情動と冗談に満ちた相互作用を、物理法則に関係なく、あるいは逆らって、人工的につくり出せるシステムを、人工知能と定義する。分析的にわかりたいのではなく、会話したり付き合うことで談話的にわかりたいと思うようなシステム。それが人工知能だ
山口　高平 慶應義塾大学理工学部 教授	人の知的な振る舞いを模倣・支援・超越するための構成的システム
栗原　　聡 電気通信大学大学院情報 システム学研究科教授	工学的につくられる知能であるが、その知能のレベルは人を超えているものを想像している
山川　　宏 ドワンゴ人工知能研究所 所長	計算機知能のうちで、人間が直接・間接に設計する場合を人工知能と呼んでよいのではないかと思う
松尾　　豊 東京大学大学院 工学系研究科准教授	人工的につくられた人間のような知能、ないしはそれをつくる技術

出典：『人口知能学会誌』。松尾豊『人工知能は人間を超えるか――ディープラーニングの先にあるもの』(KADOKAWA、2015) 45頁より抜粋。

この「教師あり学習」か「なし」かという点はベンダーとの打ち合わせの中でも使われることがある。例えば、契約レビューシステムであれば、「教師あり学習」の場合はしっかりとした弁護士が教師データの作成に関与しているのか、「教師なし学習」の場合はどのようなデータを読み込ませているのかなど問答することが想定される。

一方、人間の言葉を認識し、文字通り「処理」する「自然言語処理」という技術がある。検索エンジンのみならず、機械翻訳、かな漢字変換、音声認識など多くの分野で使用されている。人間が話す自然言語は、プログラミング言語と比較すると非常に曖昧であり、ルール化が難しいという特性があるため、コンピュータに理解・処理させるには人間が時間と手間をかけて関連性を打ち込む必要があった。しかし、今や自然言語の宝庫となったインターネット上の情報を高速コンピュータに機械学習させることで、意味や文脈を、あたかもコンピュータが理解しているかのように処理できるようになった。そして、機械学習などによって、大量データに基づく統計を用いて曖昧さの問題を解決する自然言語処理を「統計的自然言語処理」という。リーガルテックで使用されるAIの実態は、つまりは統計的自然言語処理ということになる。

繰り返しになるが、現在のAIはあくまで処理に長けているのであって、人間の言葉の意味を理解することもできないし、ましてや映画に出てくるAIのように自分で成長することはない。人間の比にならないスピードで処理することはできるが、それはすべて人間が時間をかけて実行すれば行えることばかりである。

筆者の最初の就職先である松下電機産業株式会社（現パナソニック株式会社）で法務本部長を務められ、退職された高野光泰顧問という方がいらっしゃった。豪快だが、ユーモアがあって、決して偉ぶらず、今もパナソニックで使用されている輸出管理のPDCAサイクルを一から作り上げてグループに展開された方だ。当時ご本人から「事業場や子会社の輸出管理の担当者は今や100名近くいるが、そのほとんどは元技術屋である。ちょっと小うるさい、片隅にいた偏屈者が輸出管理の分野で光り輝いた」という話を伺い、（失礼ながら）本当にその通りであると思った。それから

30年が経過するが、これほどうまくいった人材活用はほかで見たことがない。これも技術機能の一部を法務機能に取り込んだトランスフォーメーションと言えよう。

高野顧問へ米国ロースクール留学前の報告に伺った2001年、人事院は国費で留学する国家公務員に、退職したら留学費用を返還するとの確認書の提出を義務付け（後に「国家公務員の留学費用の償還に関する法律」（2006年）を制定し、留学後５年以内の離職者に留学金を返還させることを明確にした）、民間企業の間でも留学候補生に確認書を提出させたり、留学費用を貸し付ける形式にして数年以内に転職したら返還させるなどのスキームが検討されていた。高野顧問はそんな中でも、「そんなこと言ってるからアカンのや。優秀な人材は何度も転職させ、転職先企業と刺激し合うことで、法務業界を活性化させなければならん。このままでは日本は外国企業にやられてしまう。」とおっしゃっていた。その時初めて日本の法務力というものを意識した。

本書では、できる限り企業法務または弁護士の方など、実務家に役立つというユーザー目線で情報を共有することを心がけた。今まで日本の法務力の向上には何の役にも立つことができなかったが、本書が少しでも実務のお役に立てればと思う。ぜひ、ダイバーシティの時代に育った優秀な実務家が、グローバルに活躍してくれることを切に願うし、筆者も負けてはいられない。

さて、話を AI に戻そう。AI はこのようなノスタルジーは理解しないし、結局、リーガルテック・AI はいつまで経ってもただのツールである。ツールである以上、それを使うも使わないも、どう使うかも人間、我々次第だ。いつの日か、リーガルテックをどのように使えば、法務部、企業、国、そして世界にとってベストなのか、教えてくれる AI は登場するのであろうか。

明日チャットボットに聞いてみよう。

リーガルテック・ＡＩの実務
――デジタル・トランスフォーメーション（DX）時代の
企業法務改革

2020年３月10日　初版第１刷発行

編著者　高林　淳
発行者　小宮慶太

発行所　株式会社 商事法務
〒103-0025 東京都中央区日本橋茅場町 3-9-10
TEL 03-5614-5643・FAX 03-3664-8844〔営業部〕
TEL 03-5614-5649〔書籍出版部〕
https://www.shojihomu.co.jp/

落丁・乱丁本はお取り替えいたします。　印刷／㈲シンカイシャ

Printed in Japan
Shojihomu Co., Ltd.
ISBN978-4-7857-2777-2
＊定価はカバーに表示してあります。